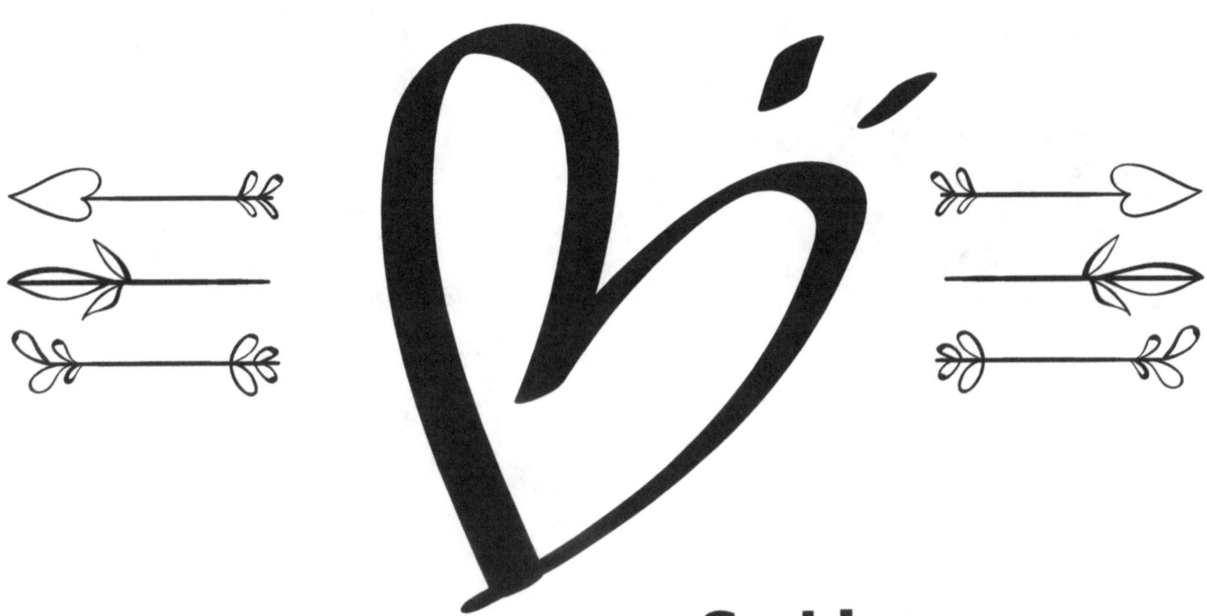

Ce Livre

Appartient à

NAVIRES ET BATEAUX LIVRE DE COLORIAGE

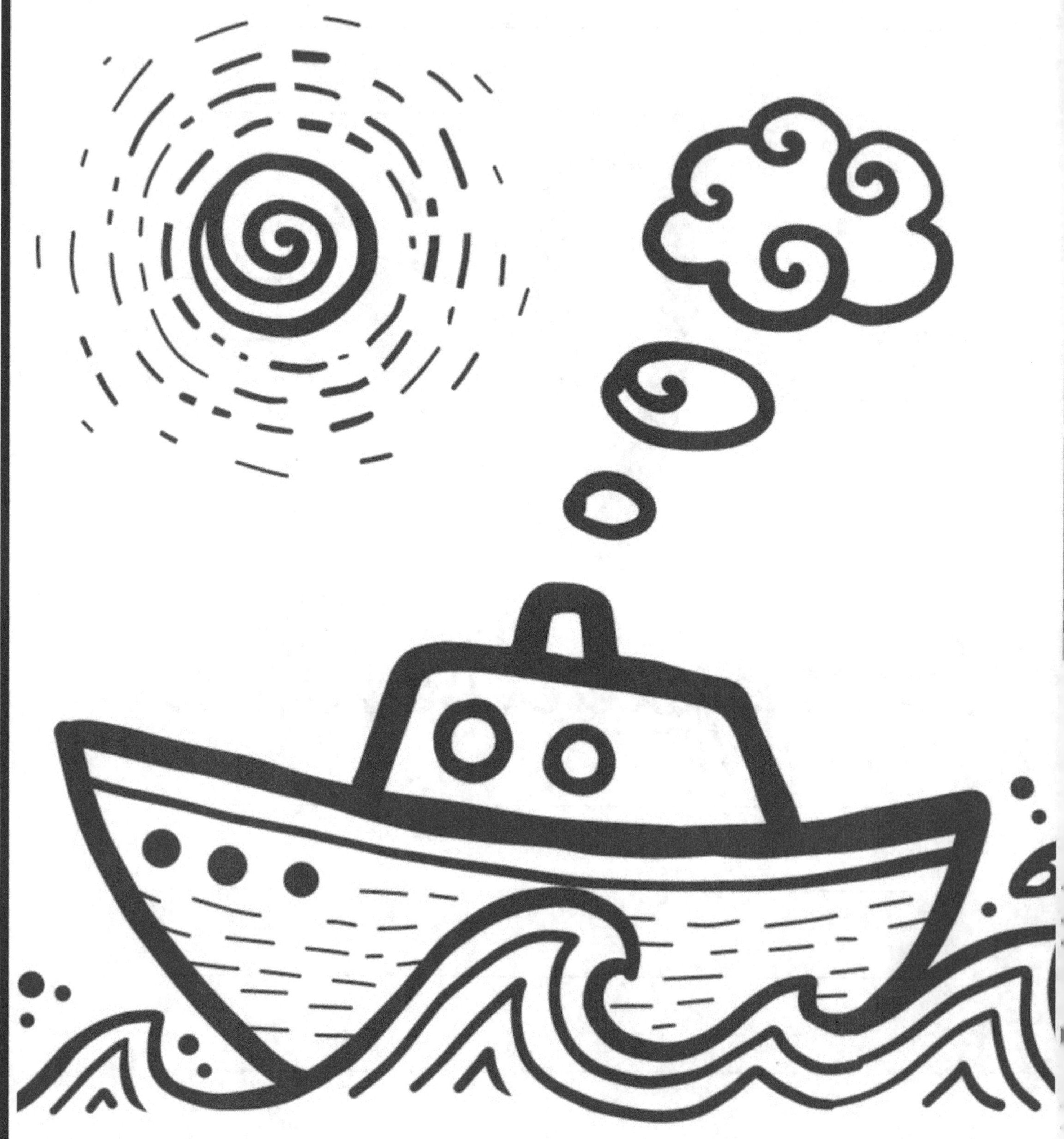

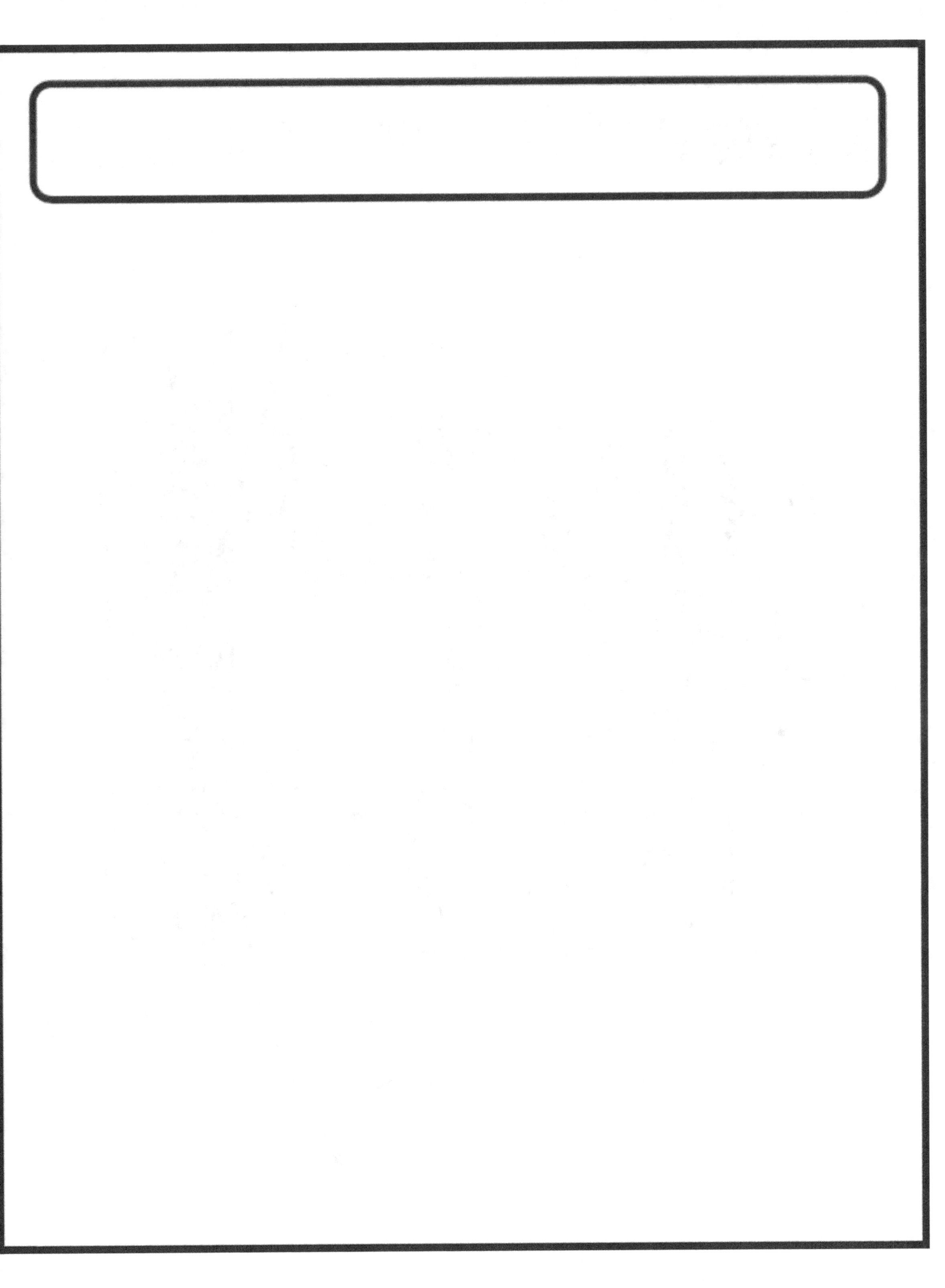

NAVIRES ET BATEAUX LIVRE DE COLORIAGE

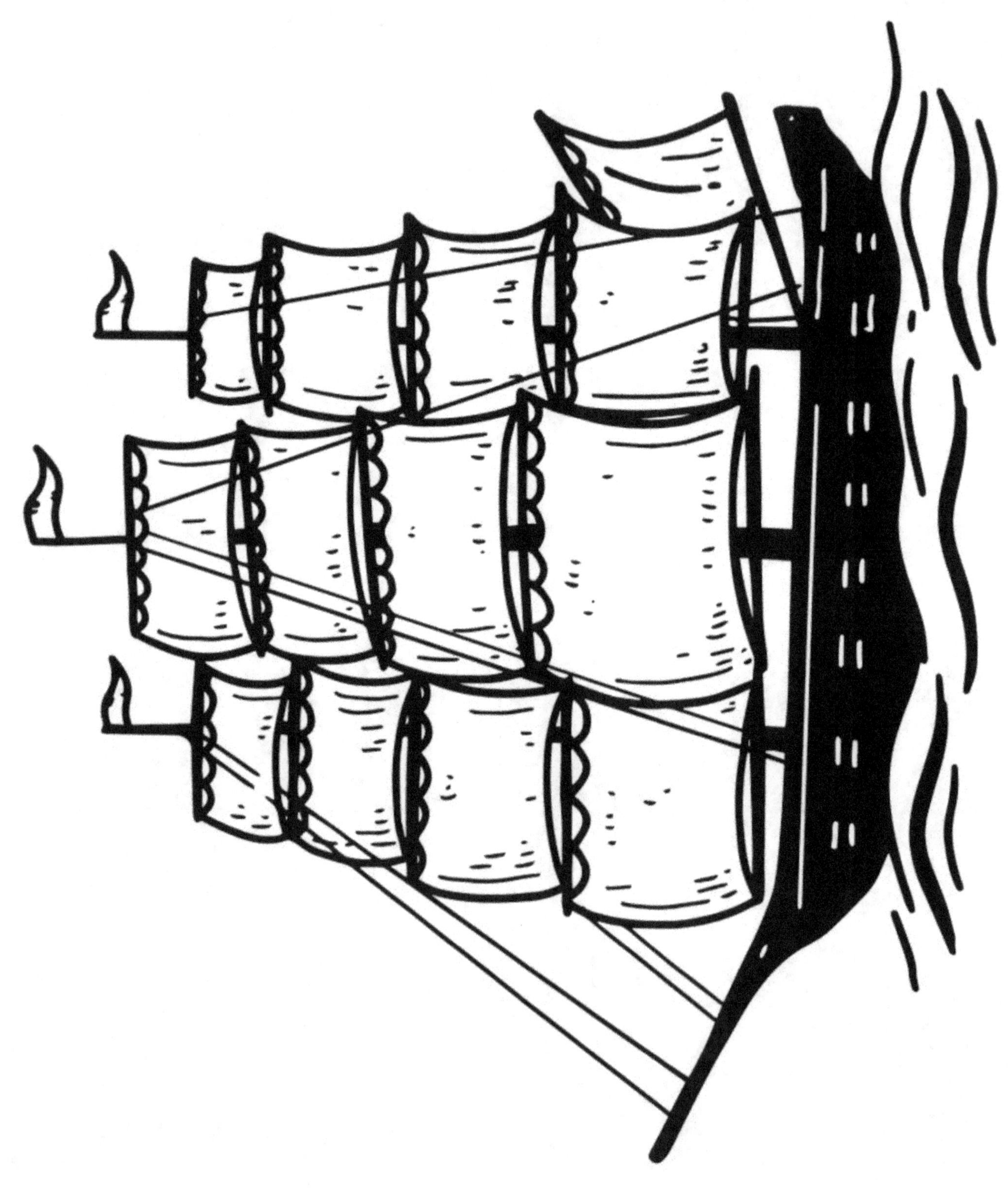

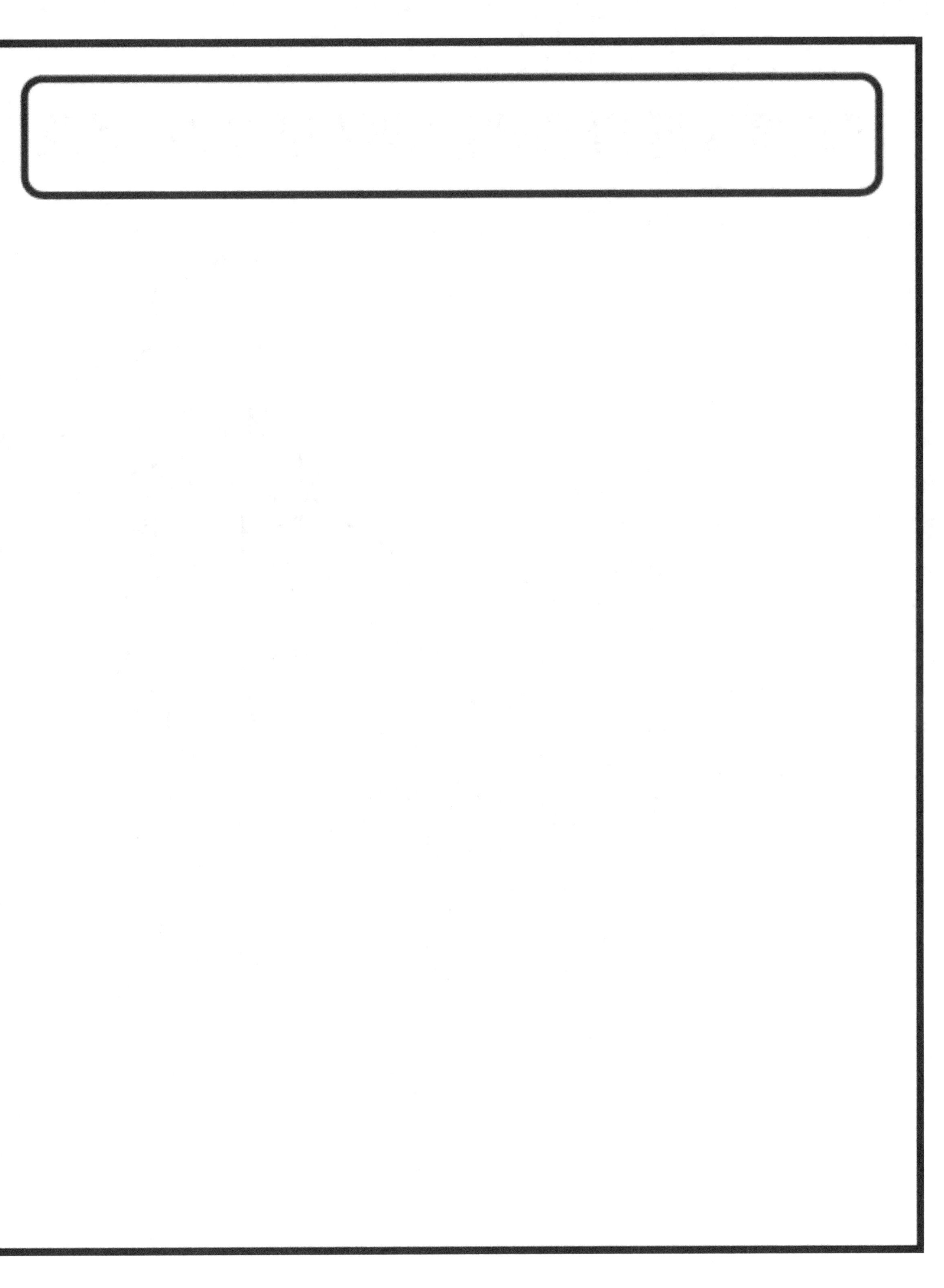

NAVIRES ET BATEAUX LIVRE DE COLORIAGE

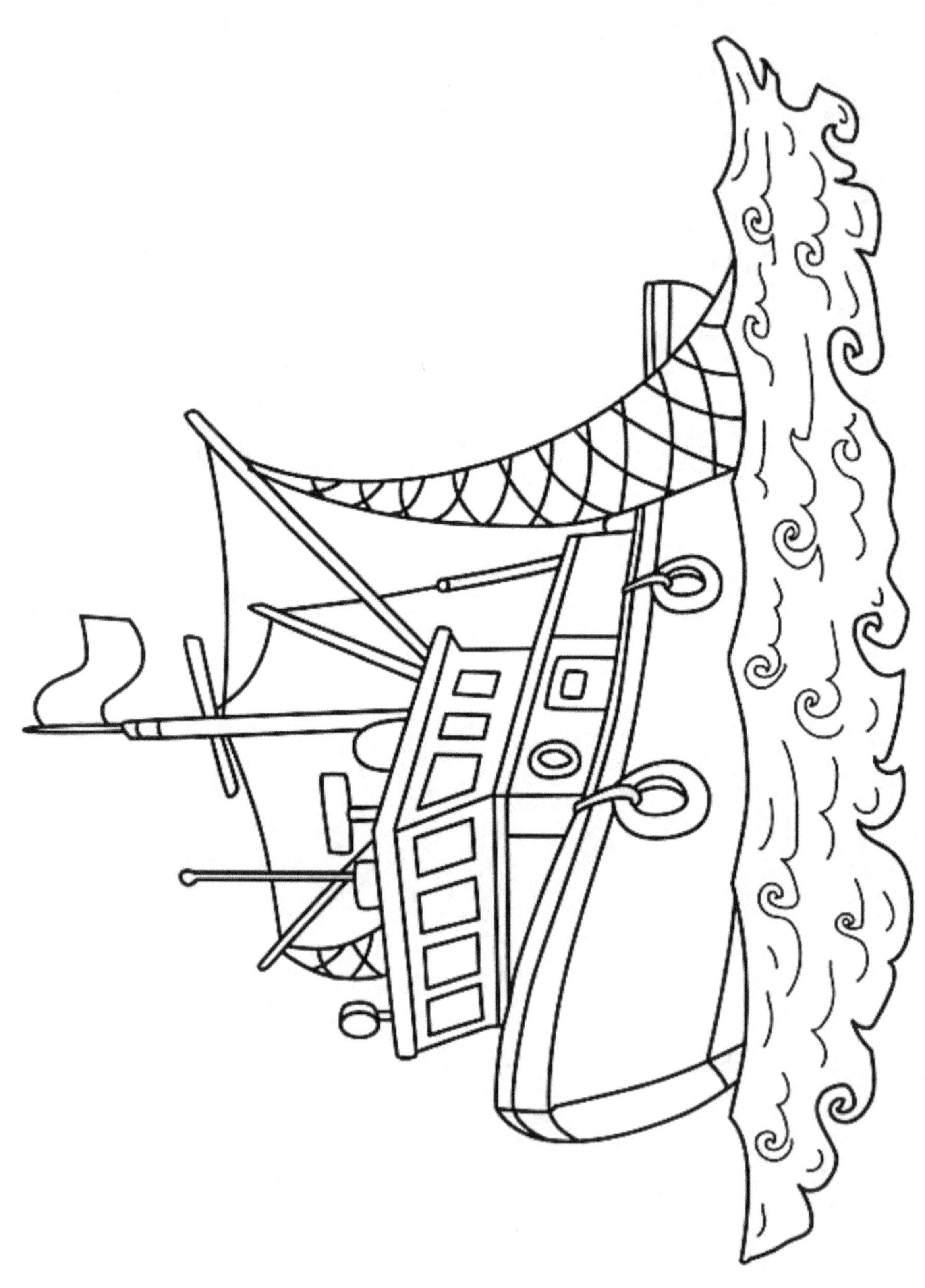

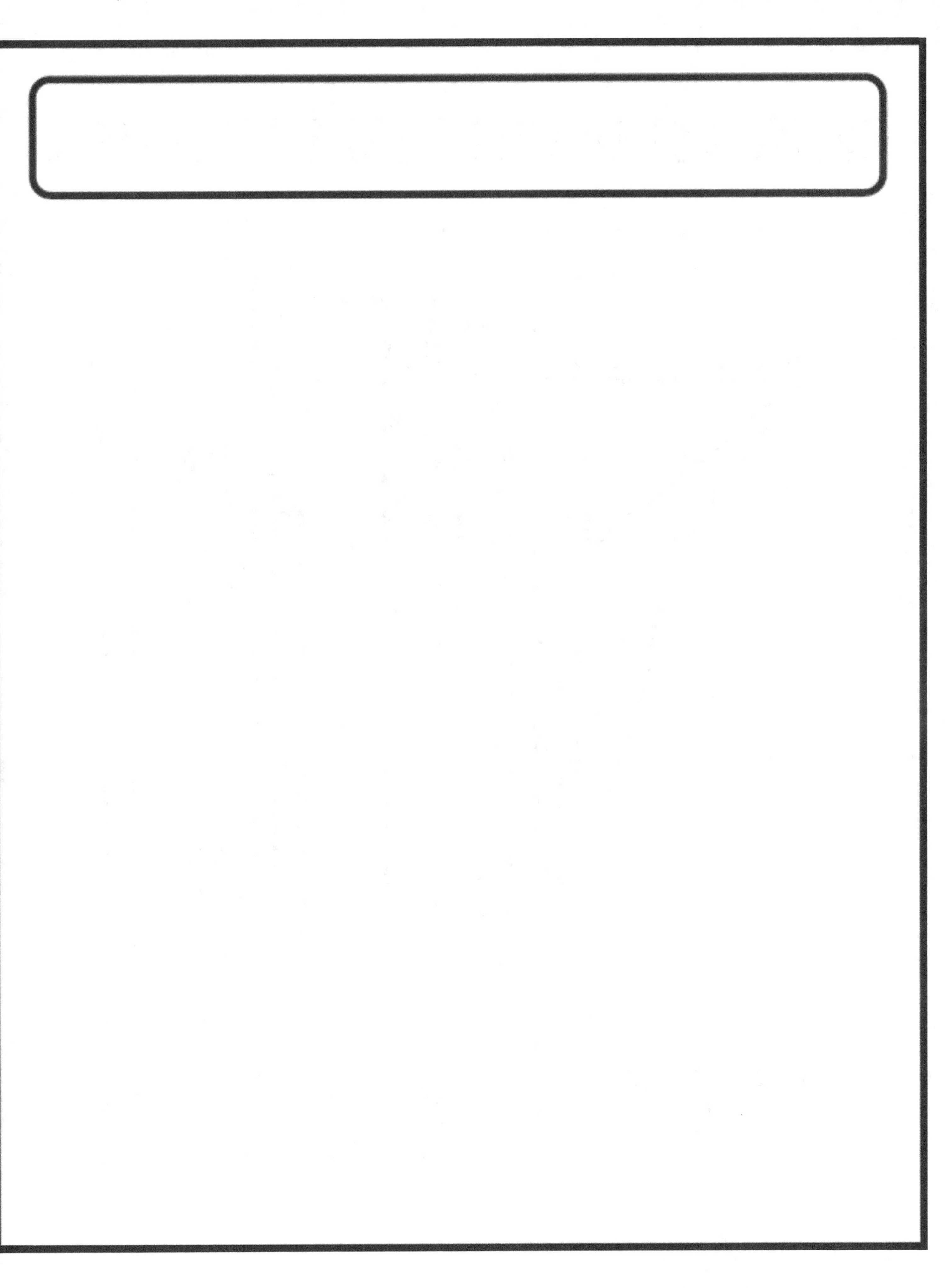

NAVIRES ET BATEAUX LIVRE DE COLORIAGE

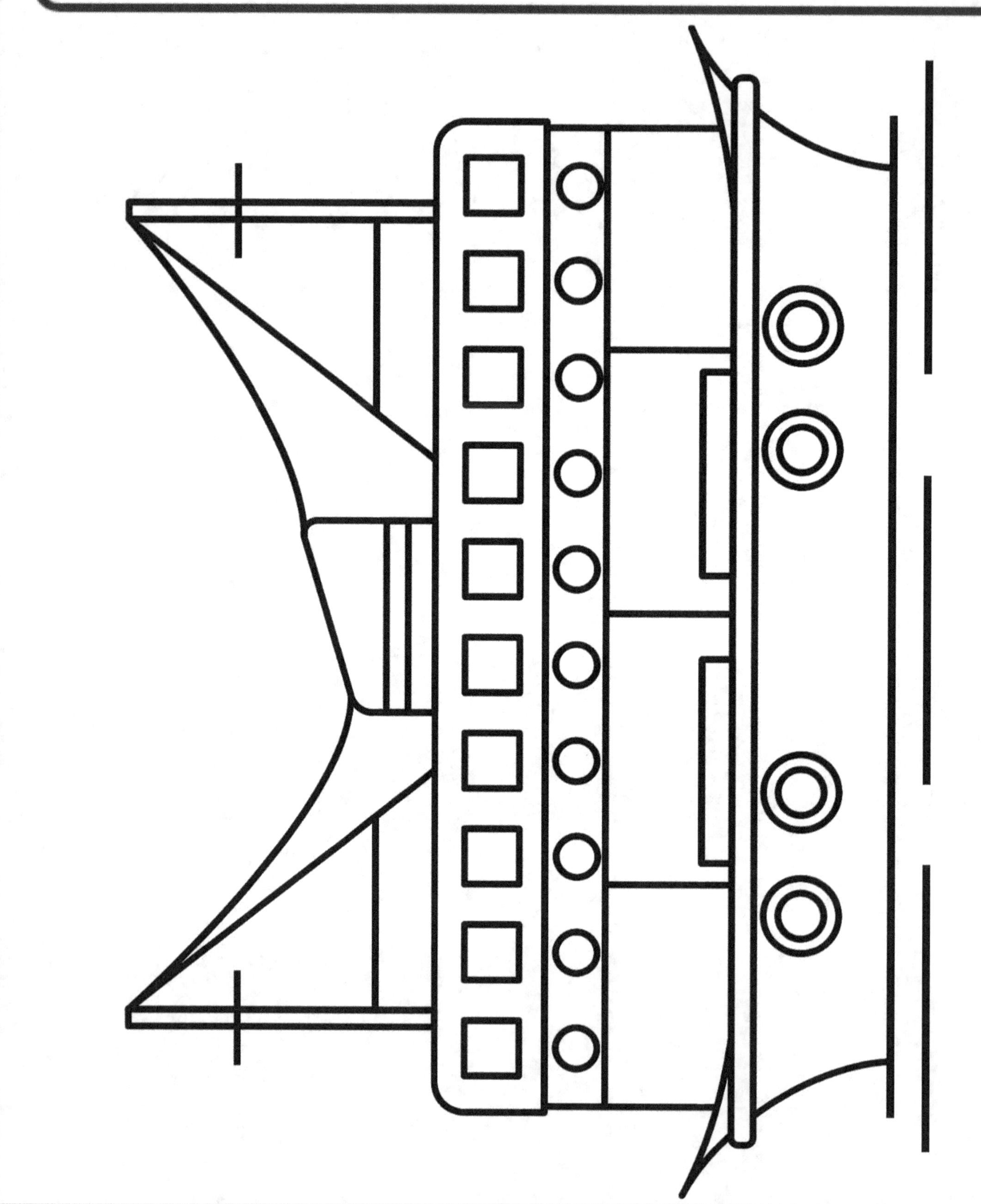

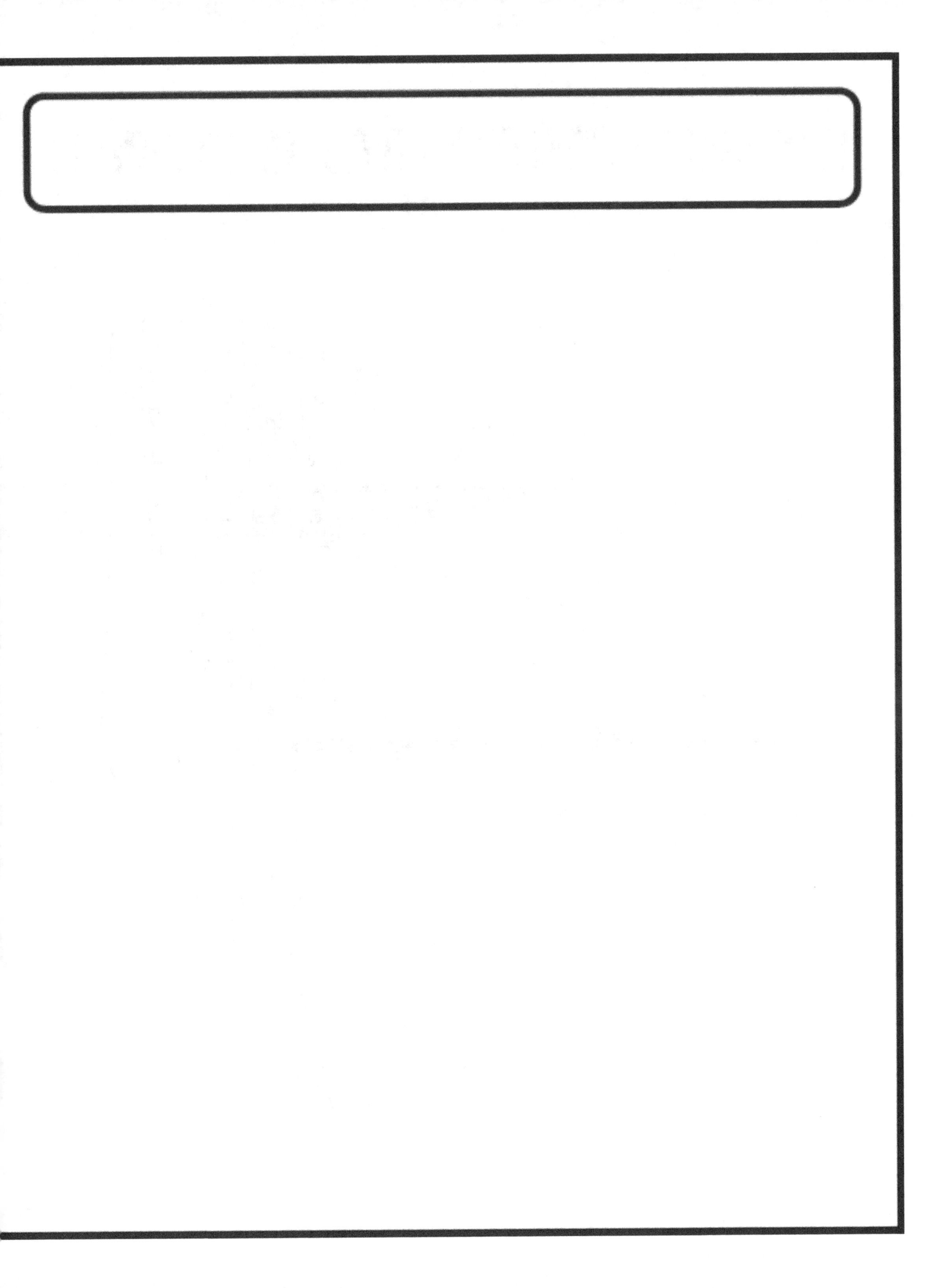

NAVIRES ET BATEAUX LIVRE DE COLORIAGE

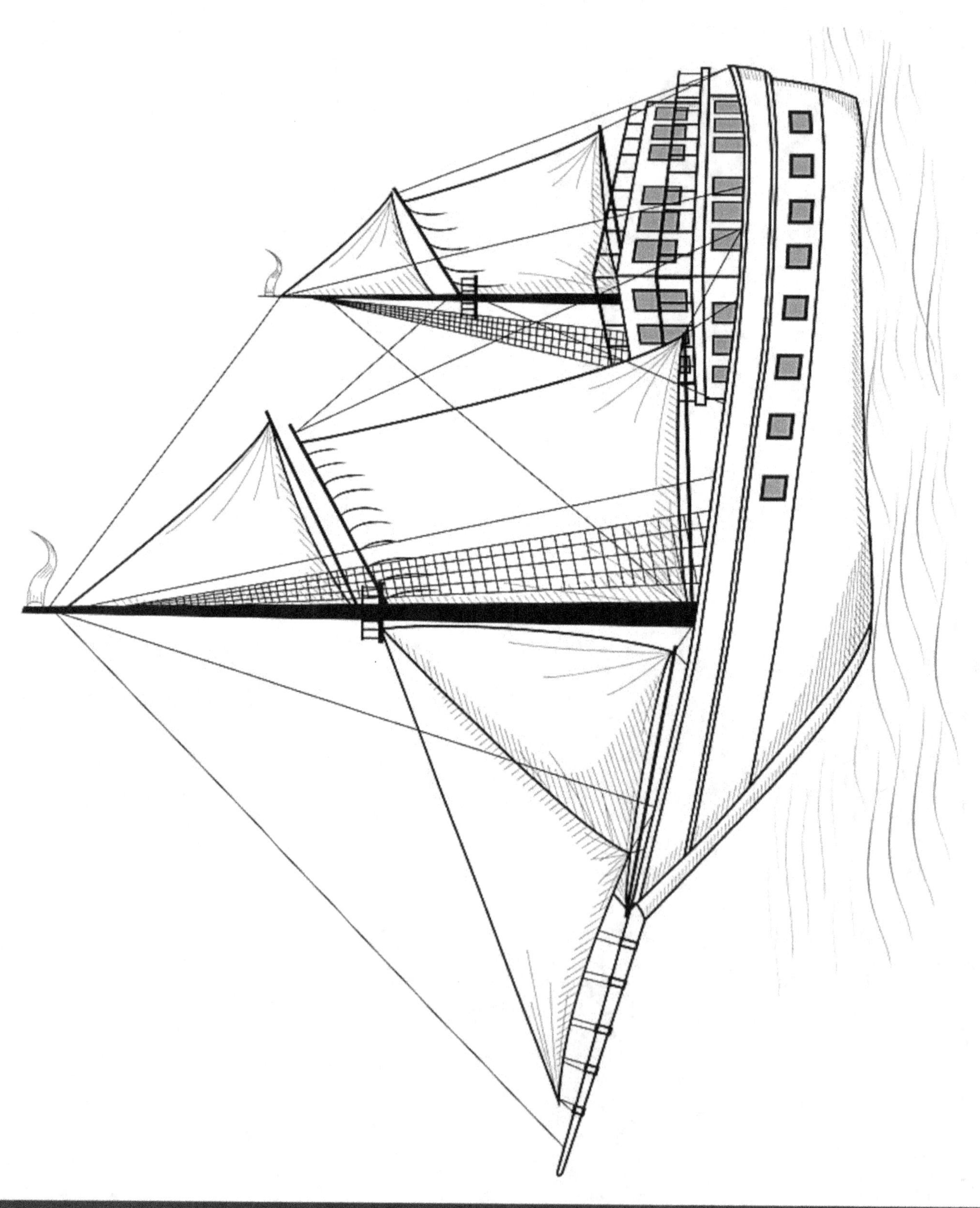

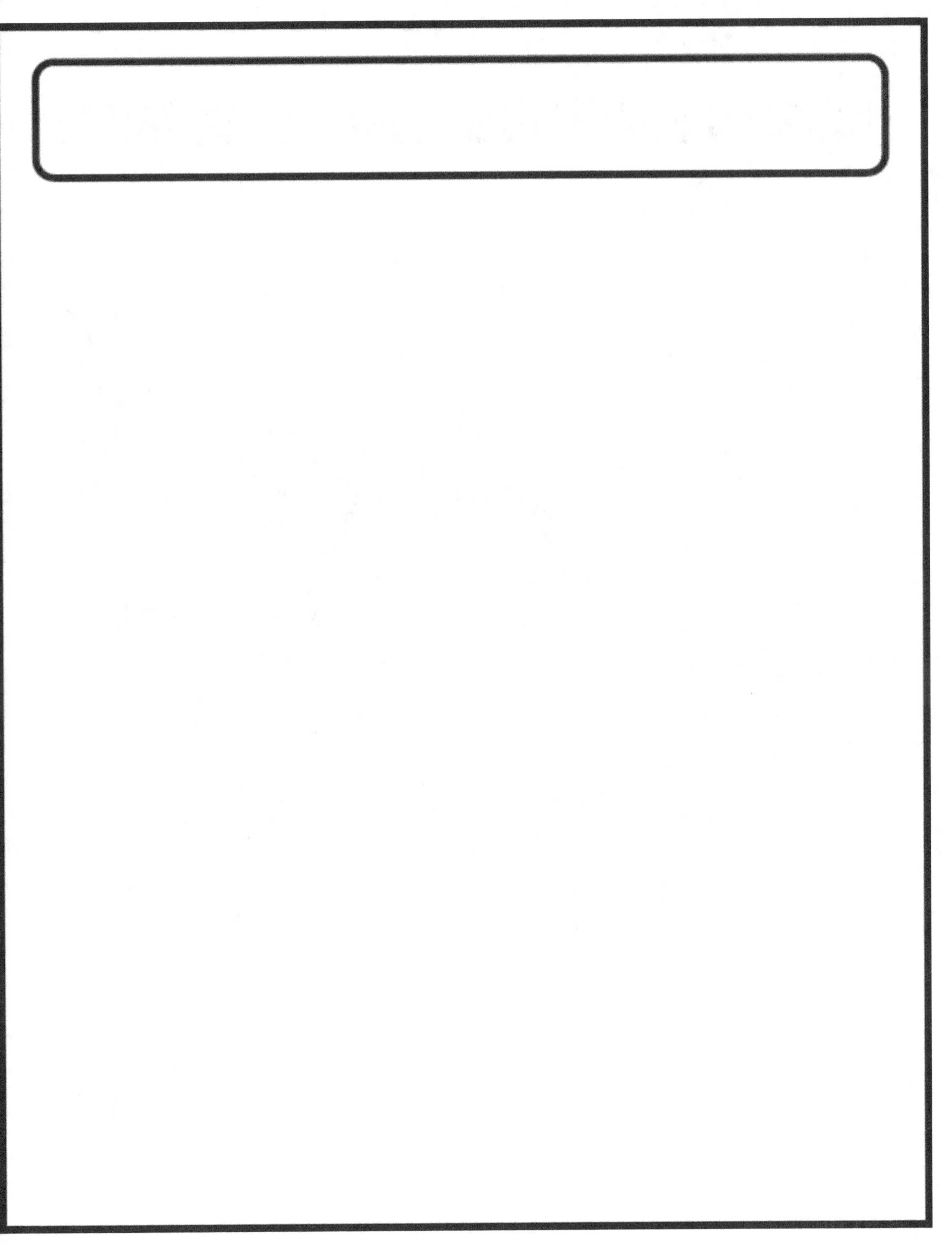

NAVIRES ET BATEAUX LIVRE DE COLORIAGE

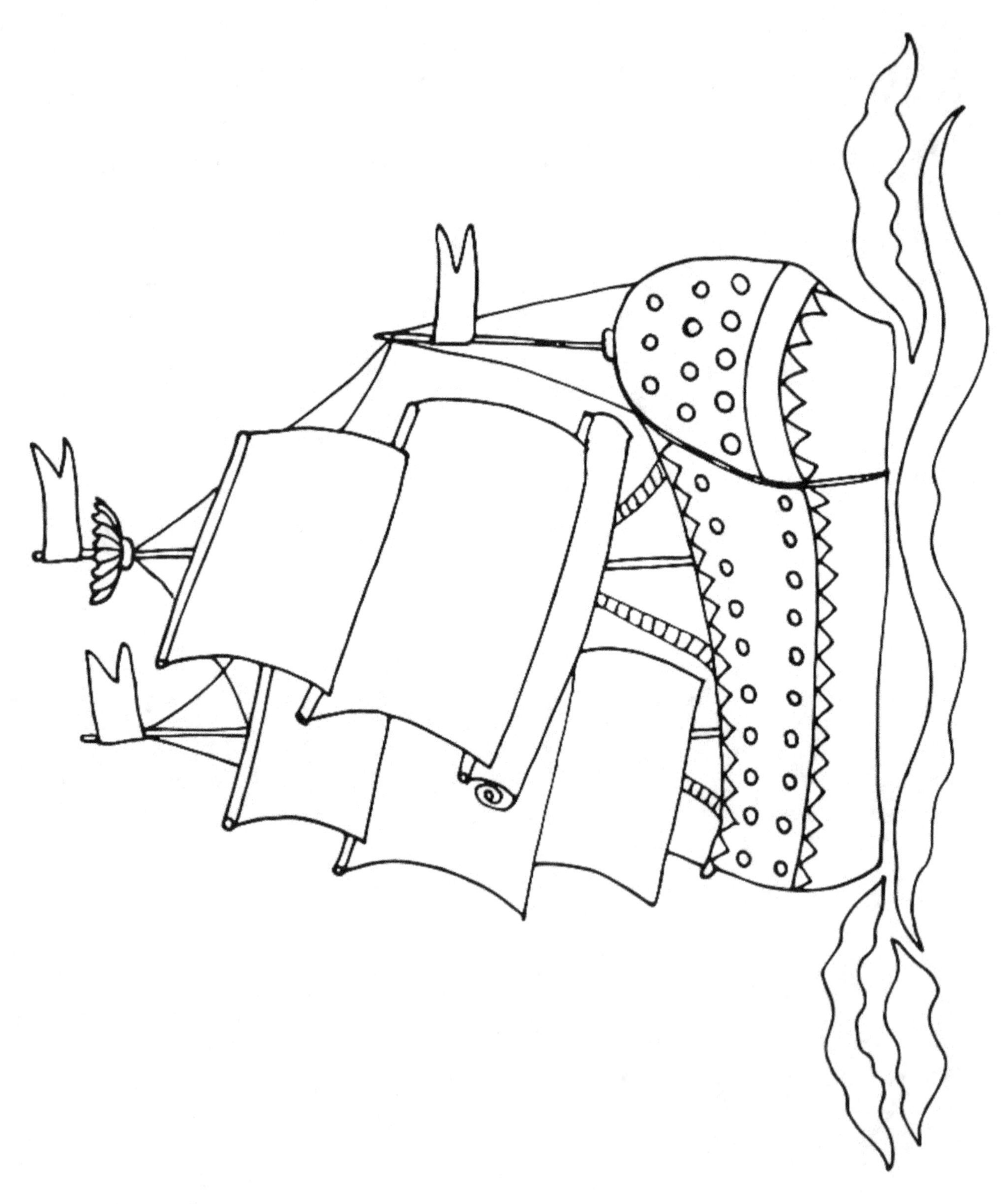

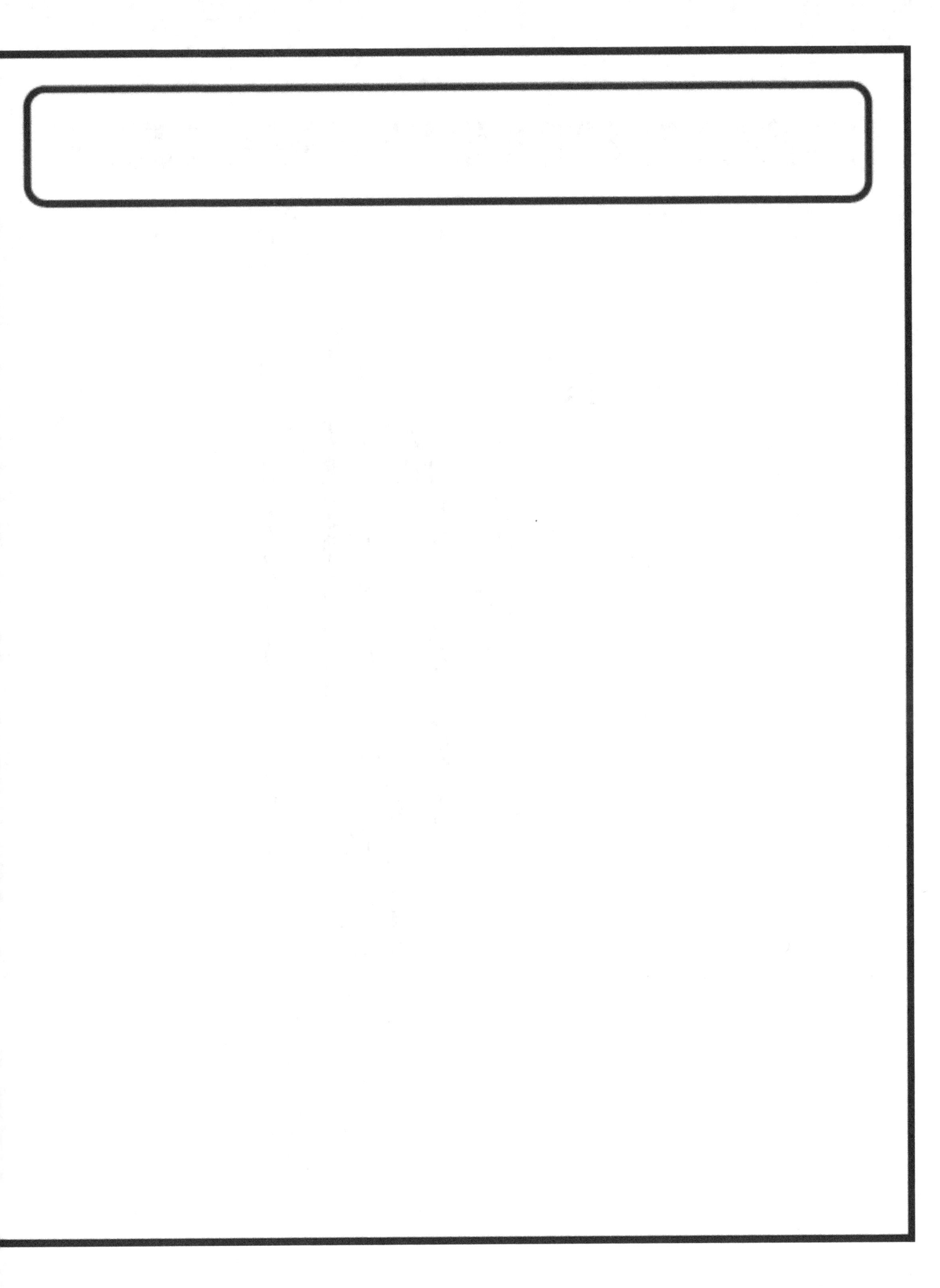

NAVIRES ET BATEAUX LIVRE DE COLORIAGE

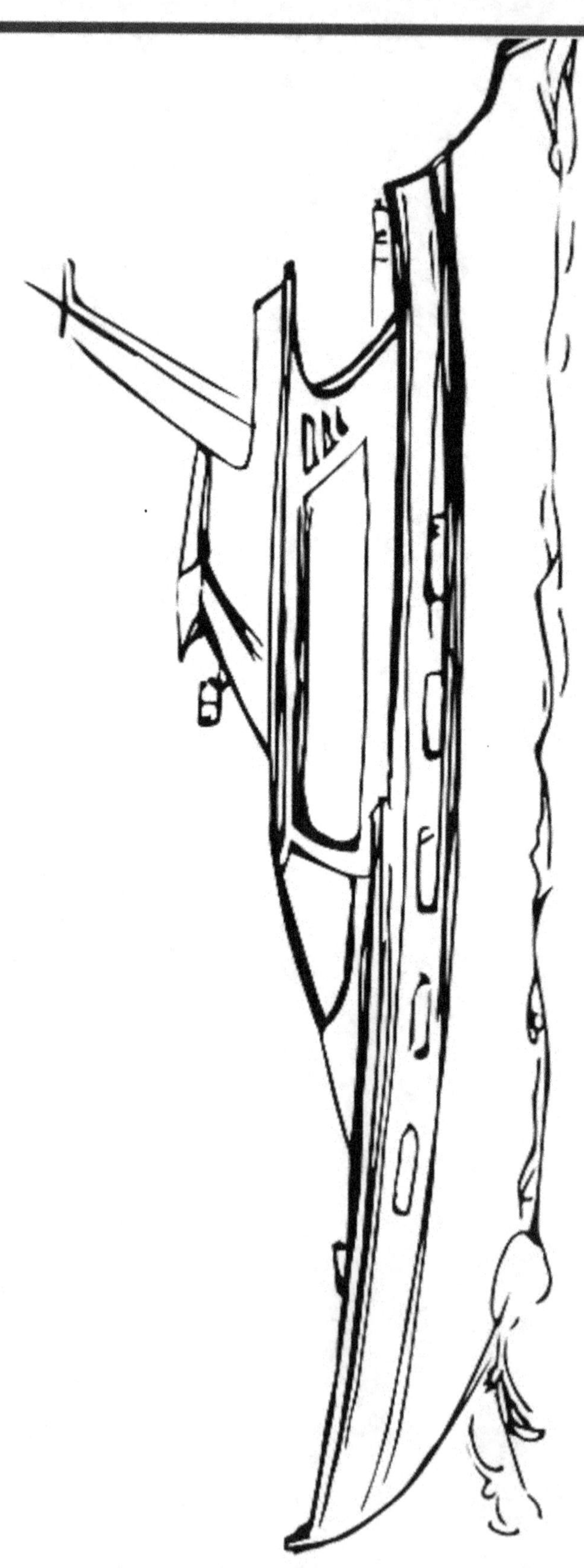

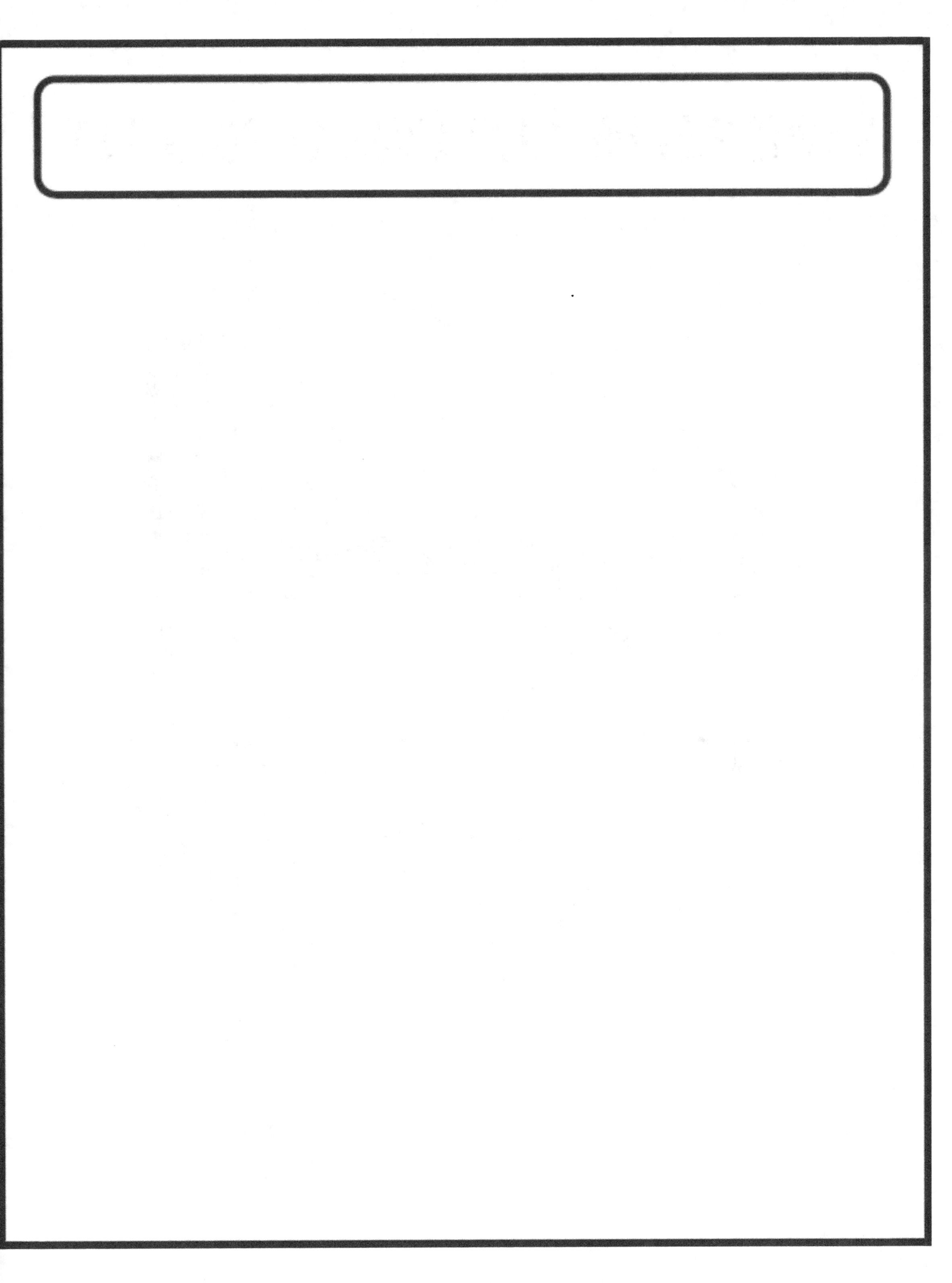

NAVIRES ET BATEAUX LIVRE DE COLORIAGE

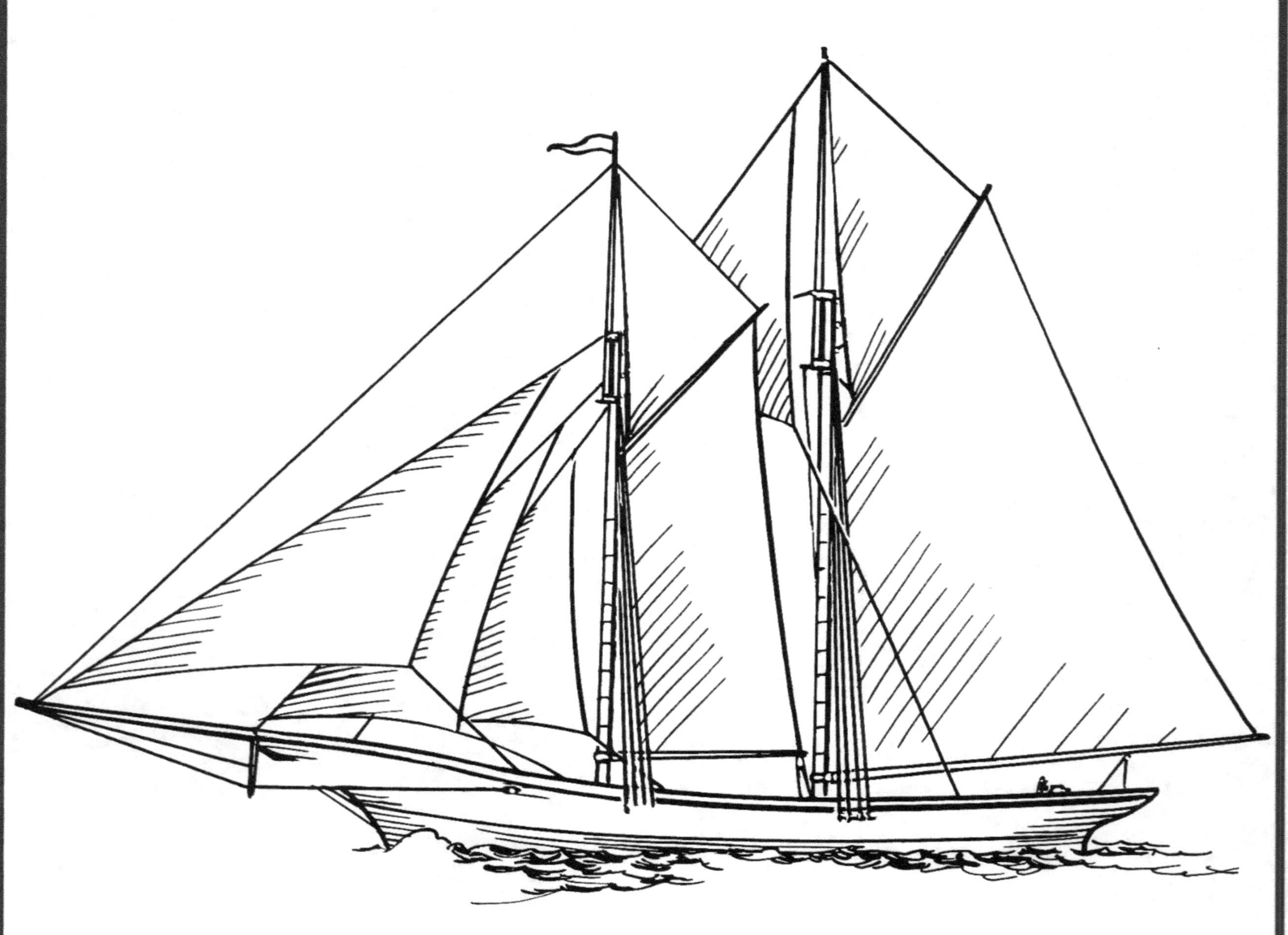

NAVIRES ET BATEAUX LIVRE DE COLORIAGE

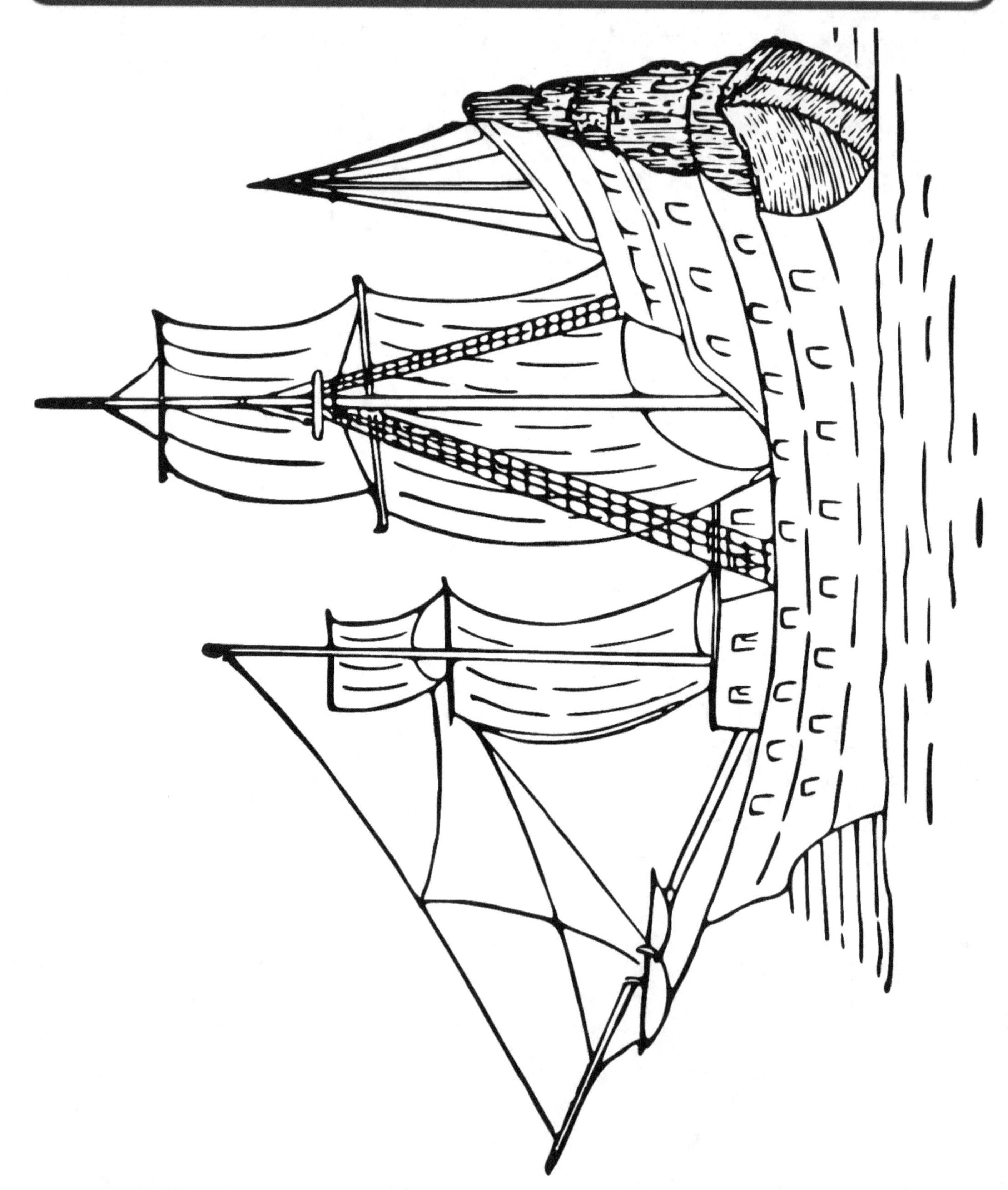

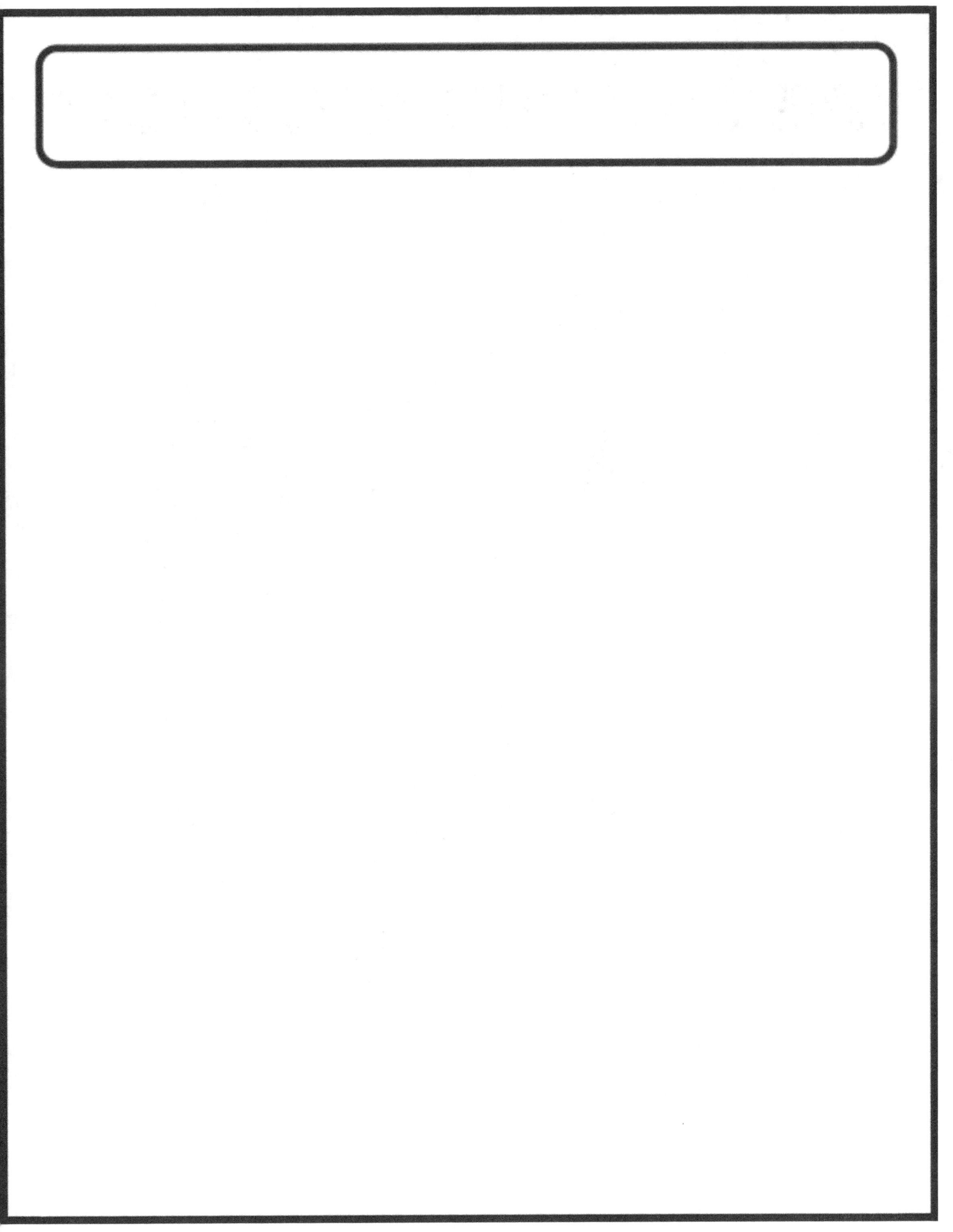

NAVIRES ET BATEAUX LIVRE DE COLORIAGE

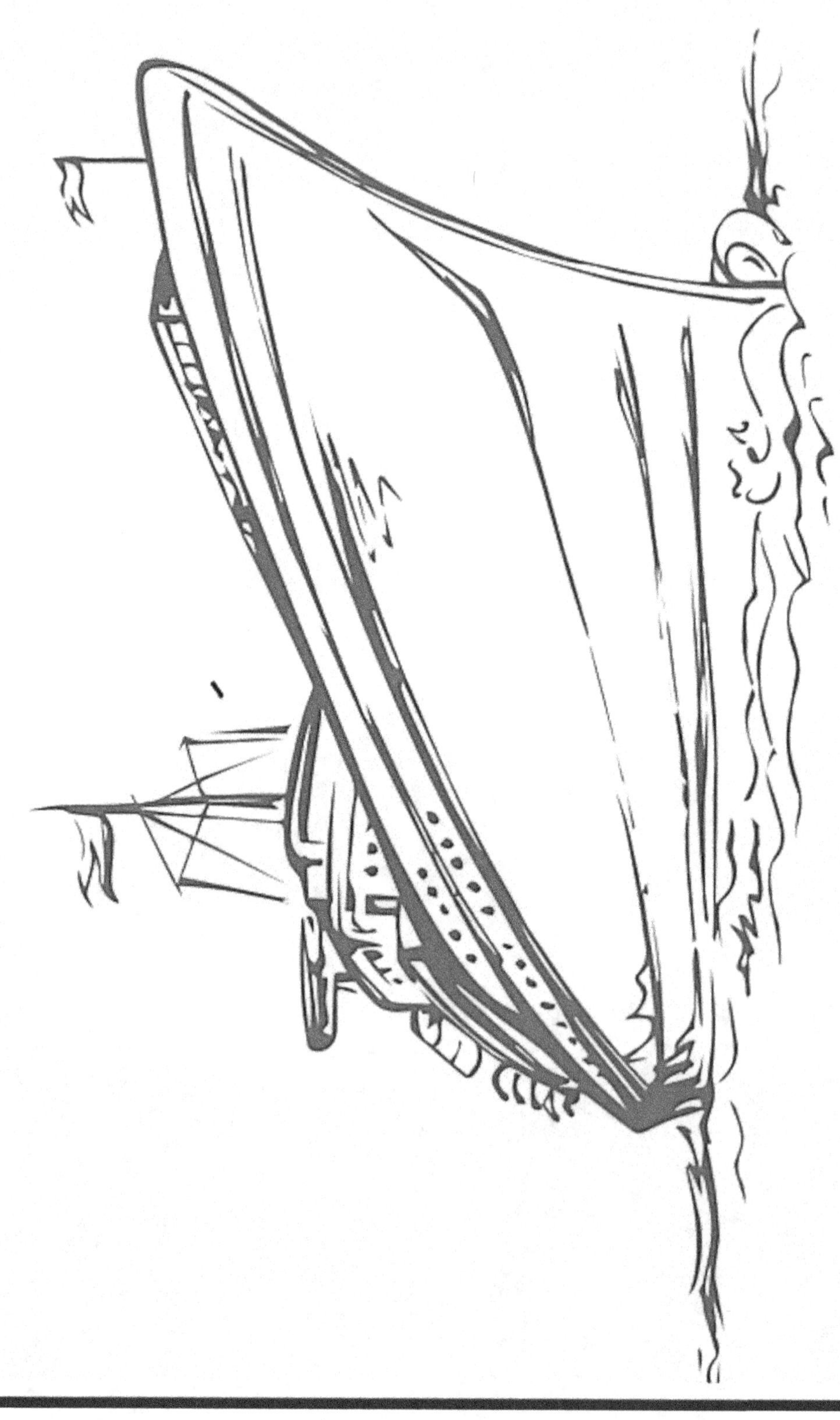

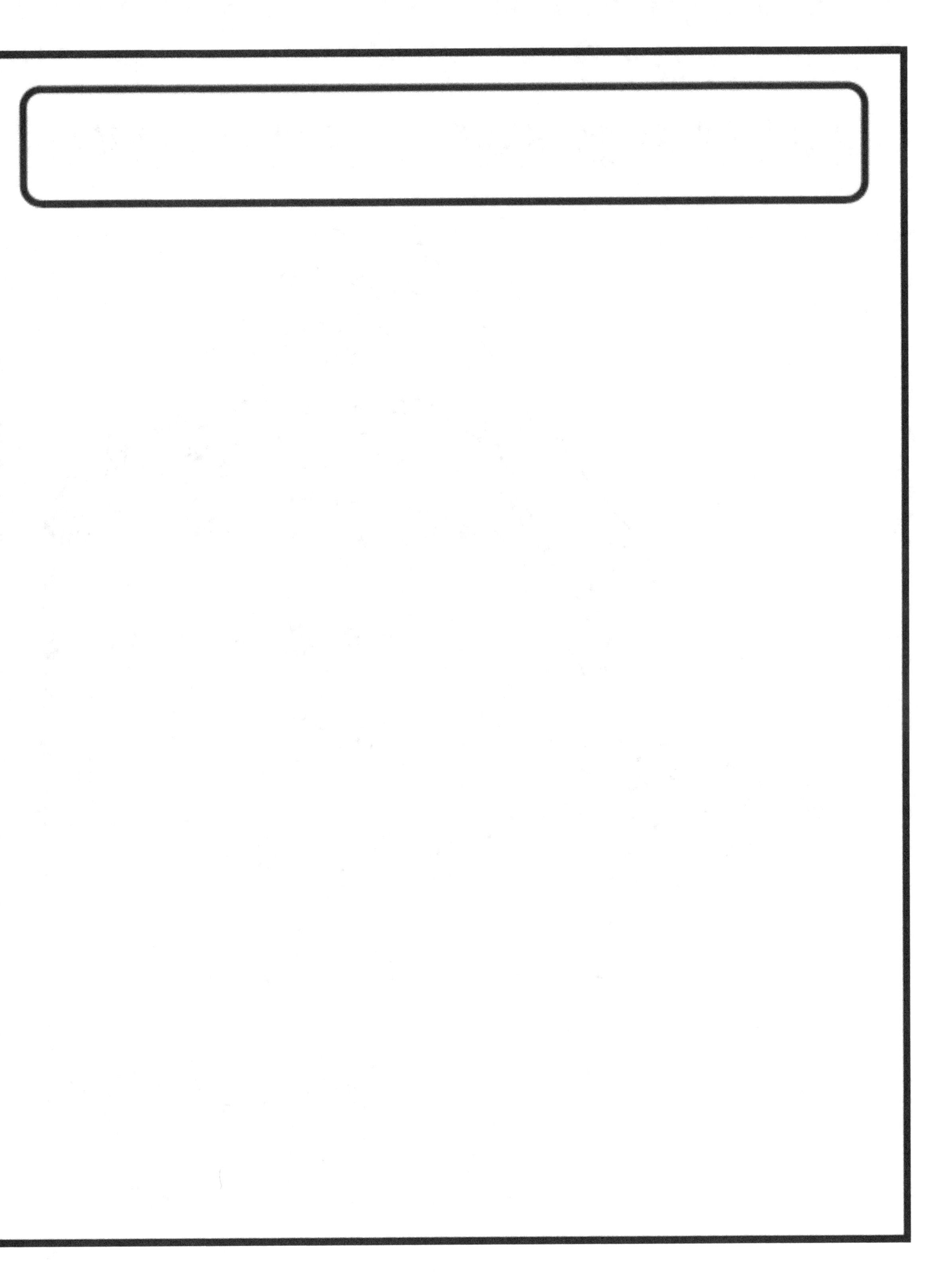

NAVIRES ET BATEAUX LIVRE DE COLORIAGE

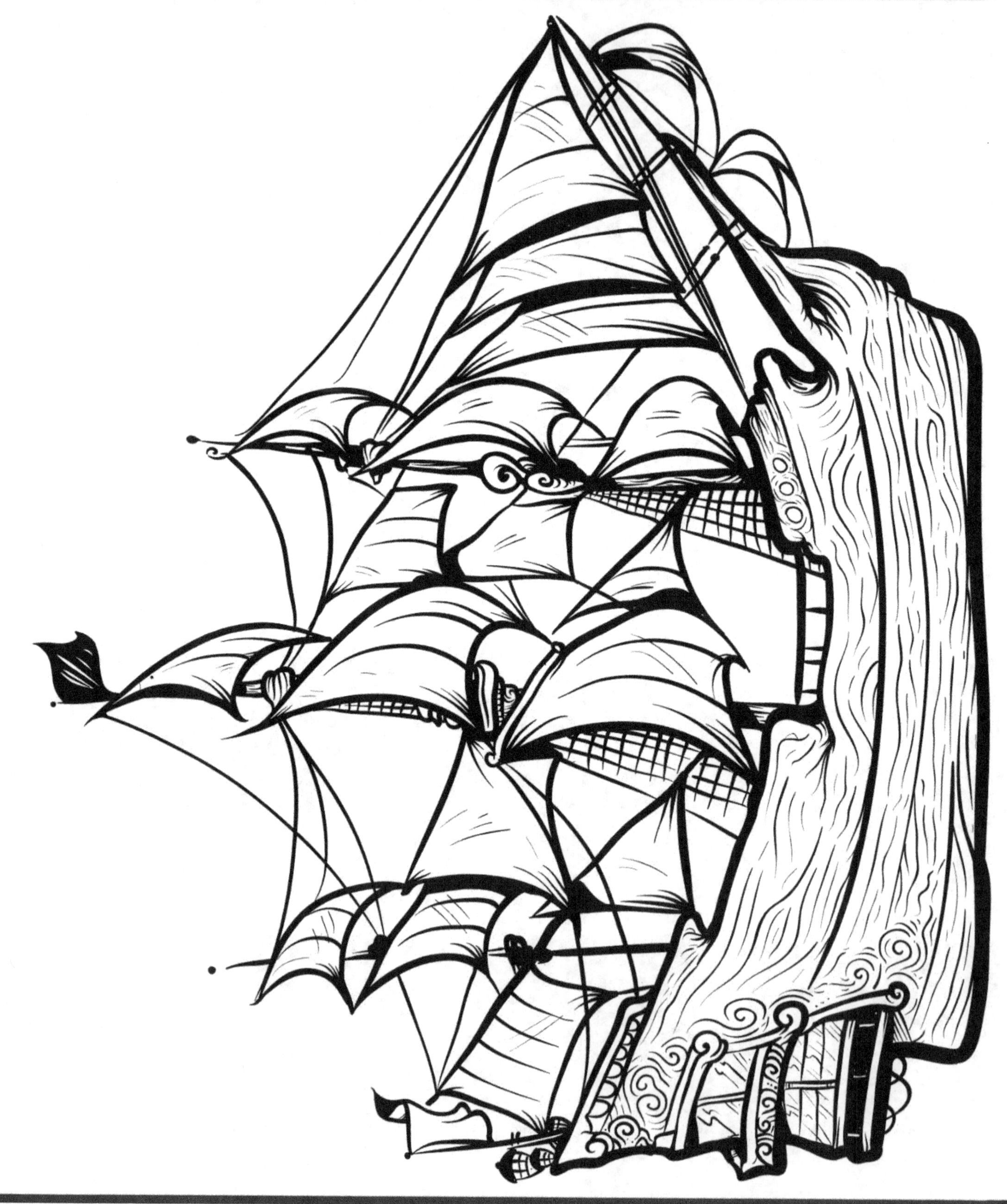

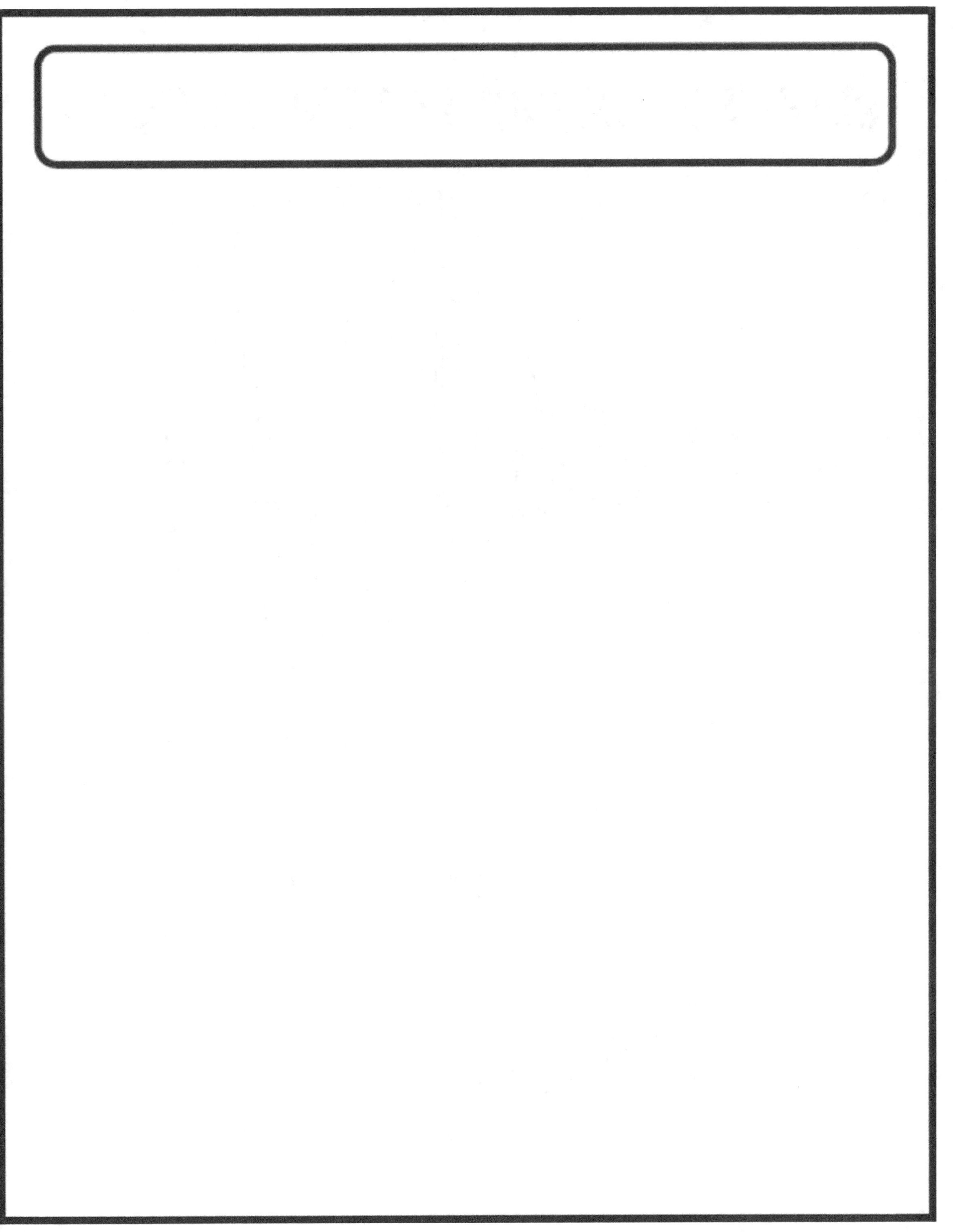

NAVIRES ET BATEAUX LIVRE DE COLORIAGE

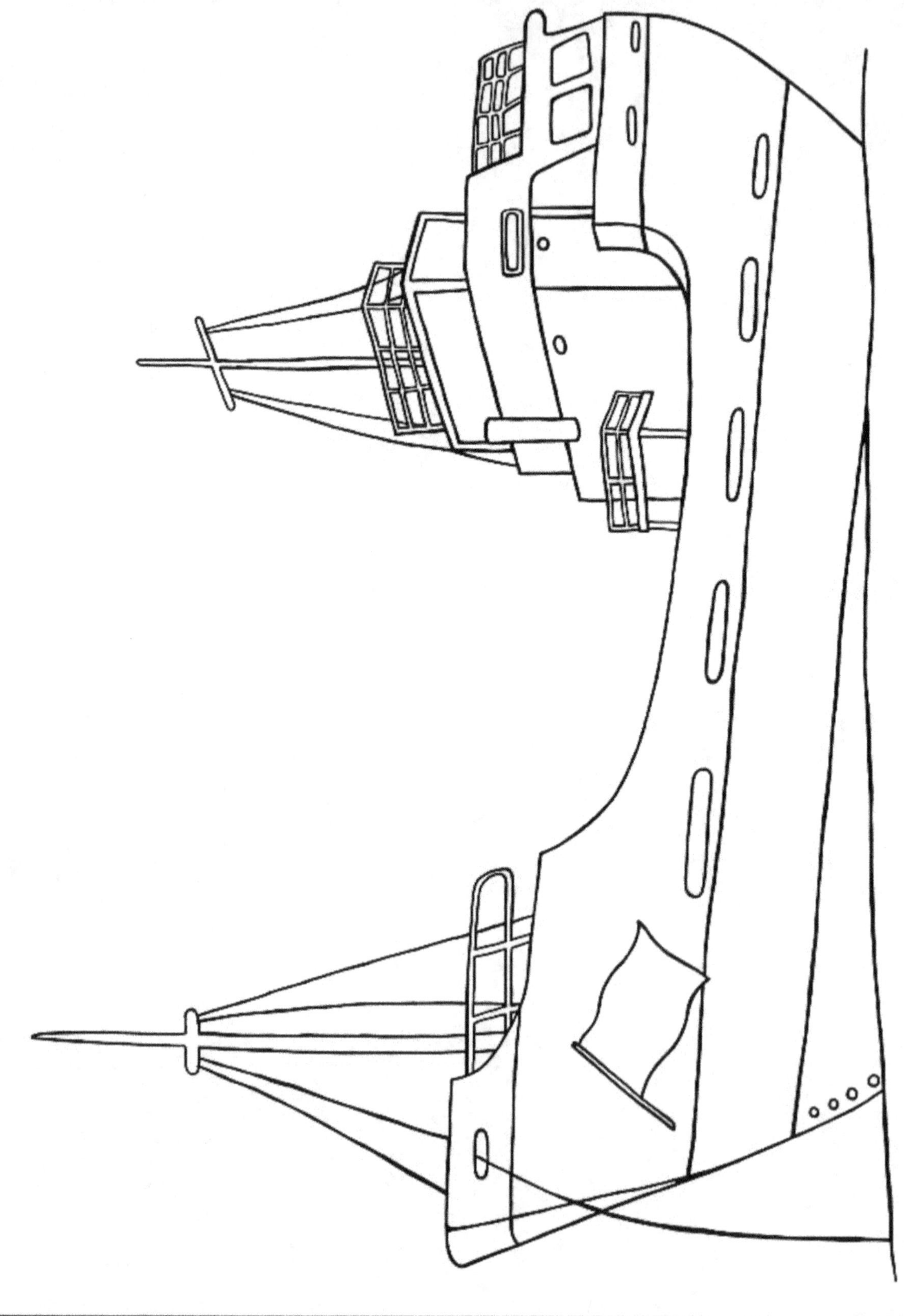

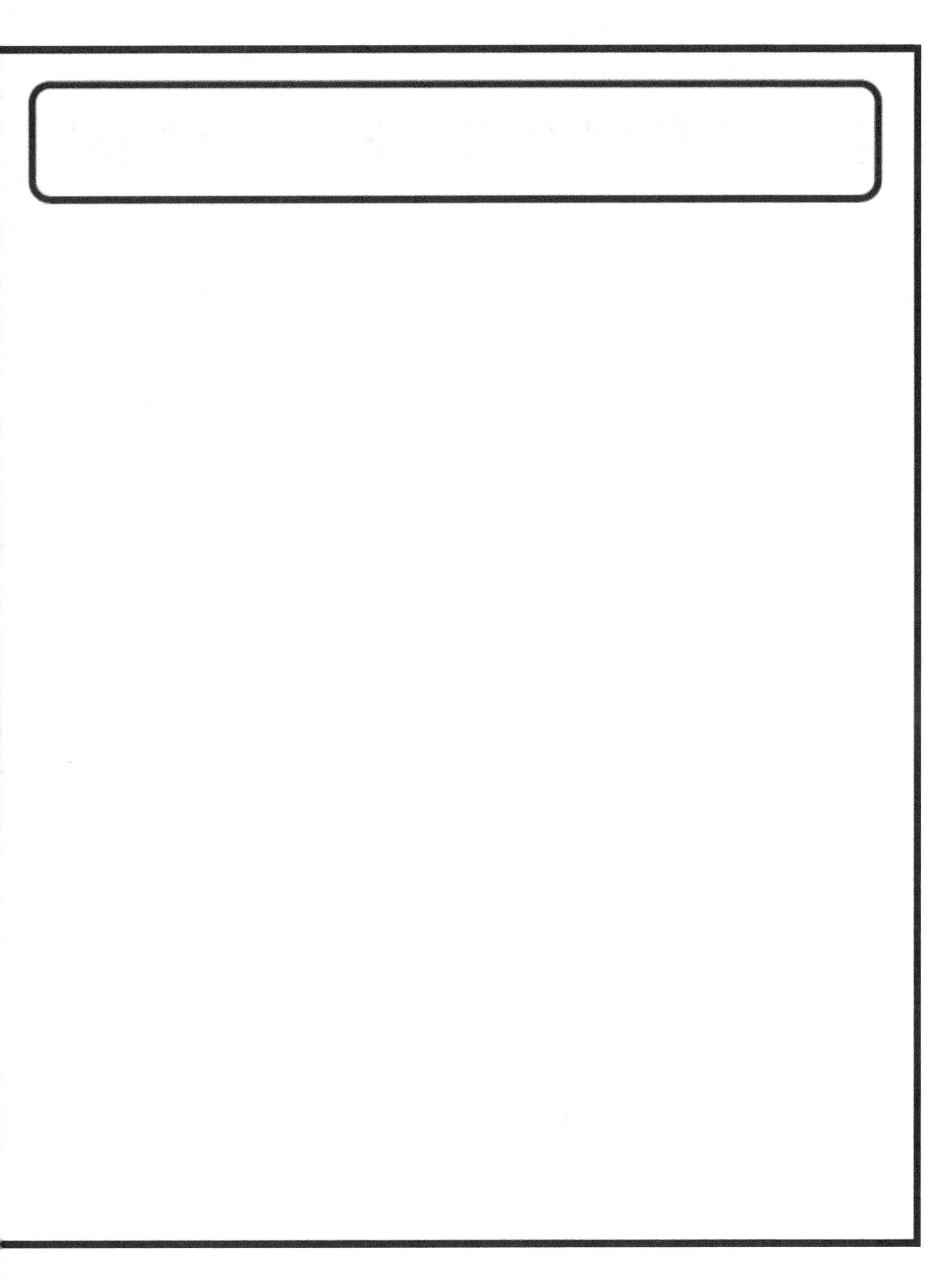

NAVIRES ET BATEAUX LIVRE DE COLORIAGE

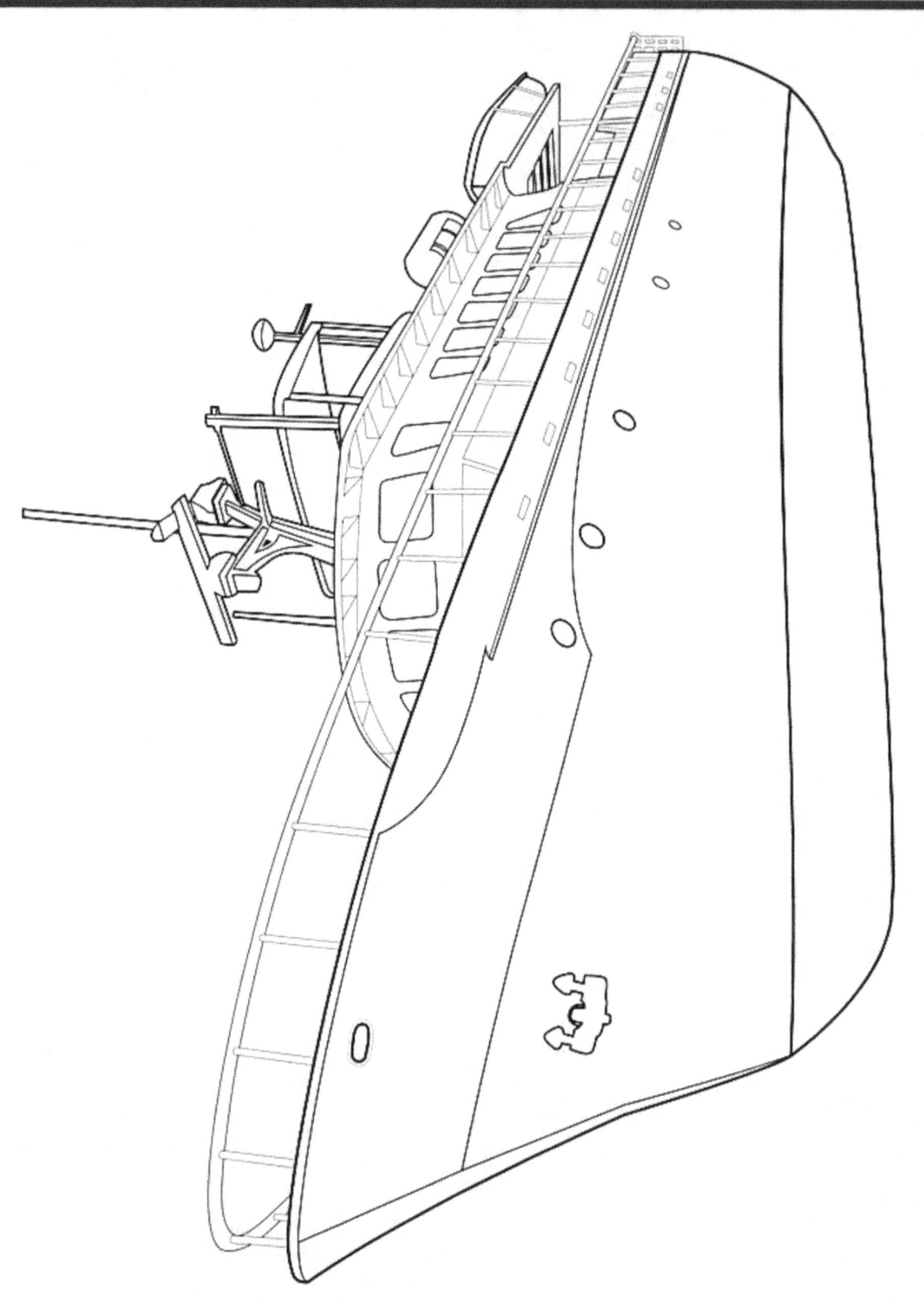

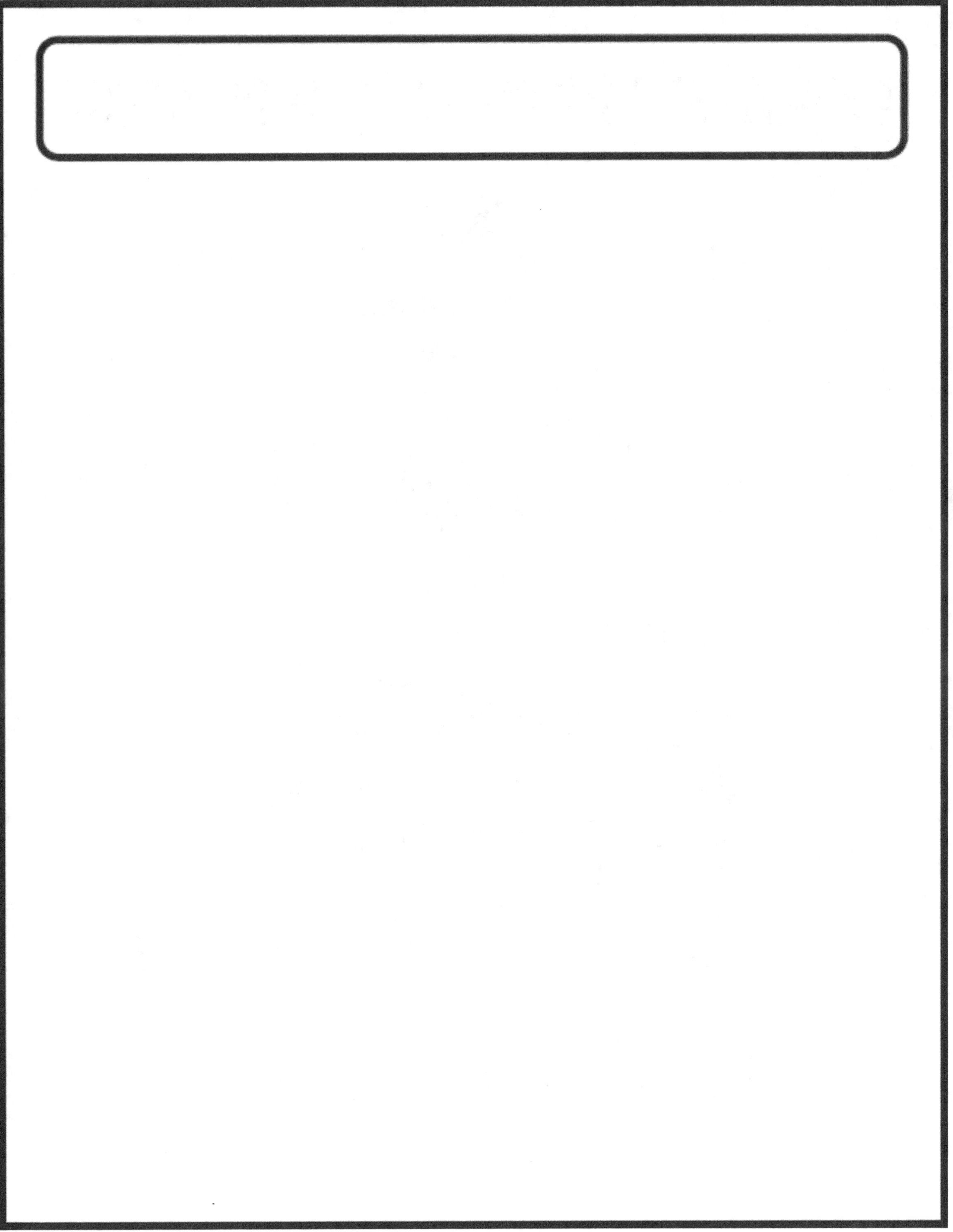

NAVIRES ET BATEAUX LIVRE DE COLORIAGE

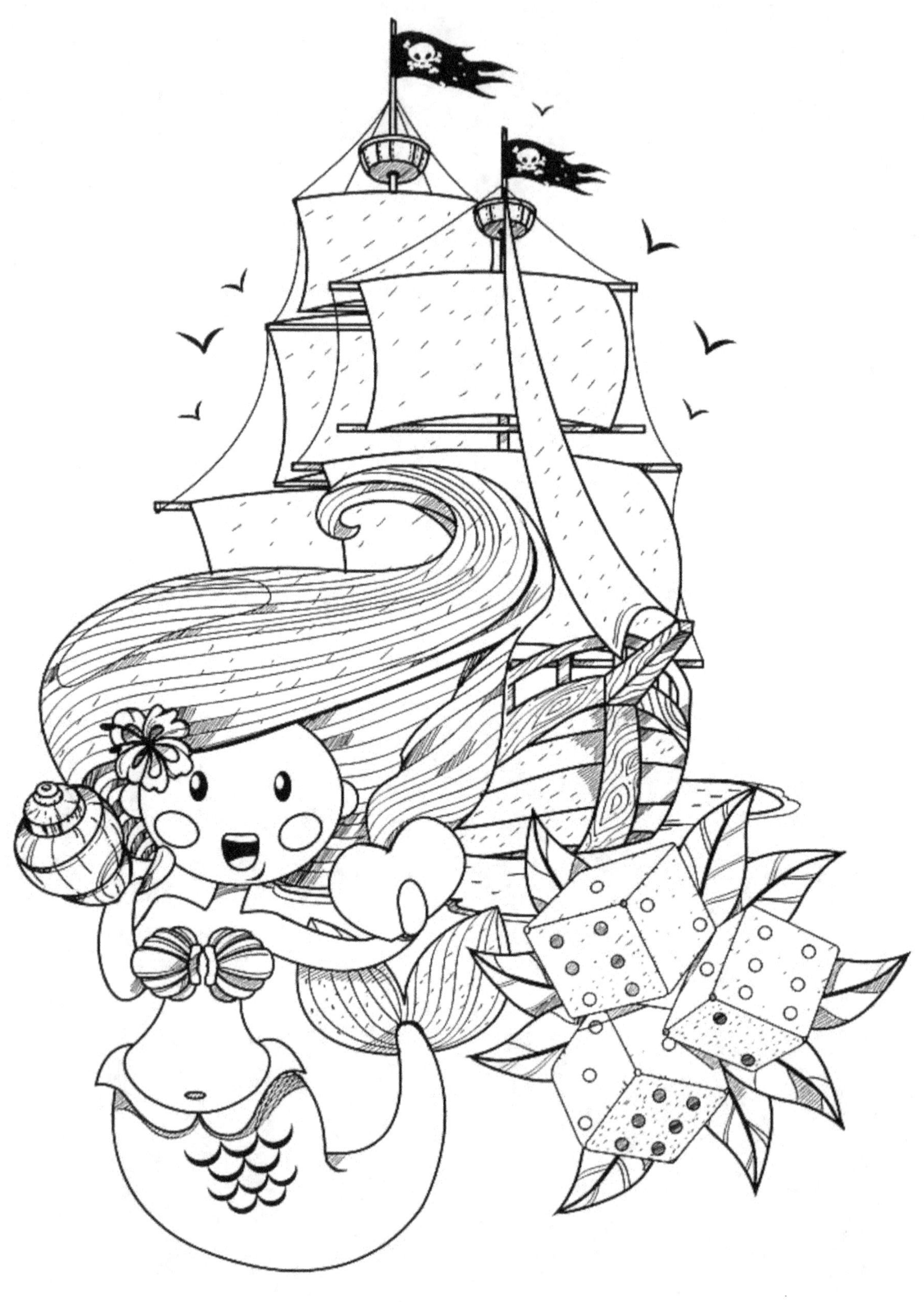

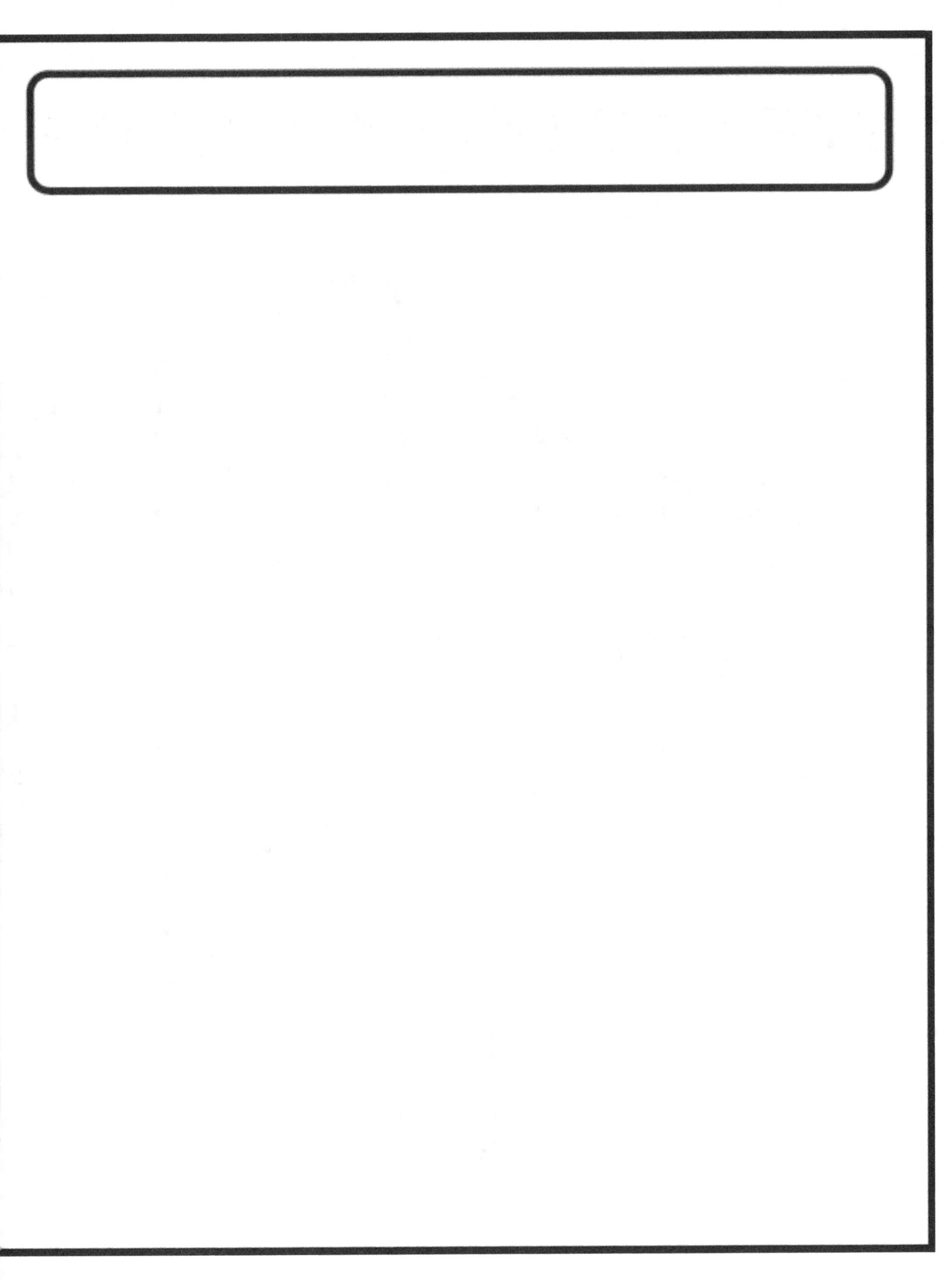

NAVIRES ET BATEAUX LIVRE DE COLORIAGE

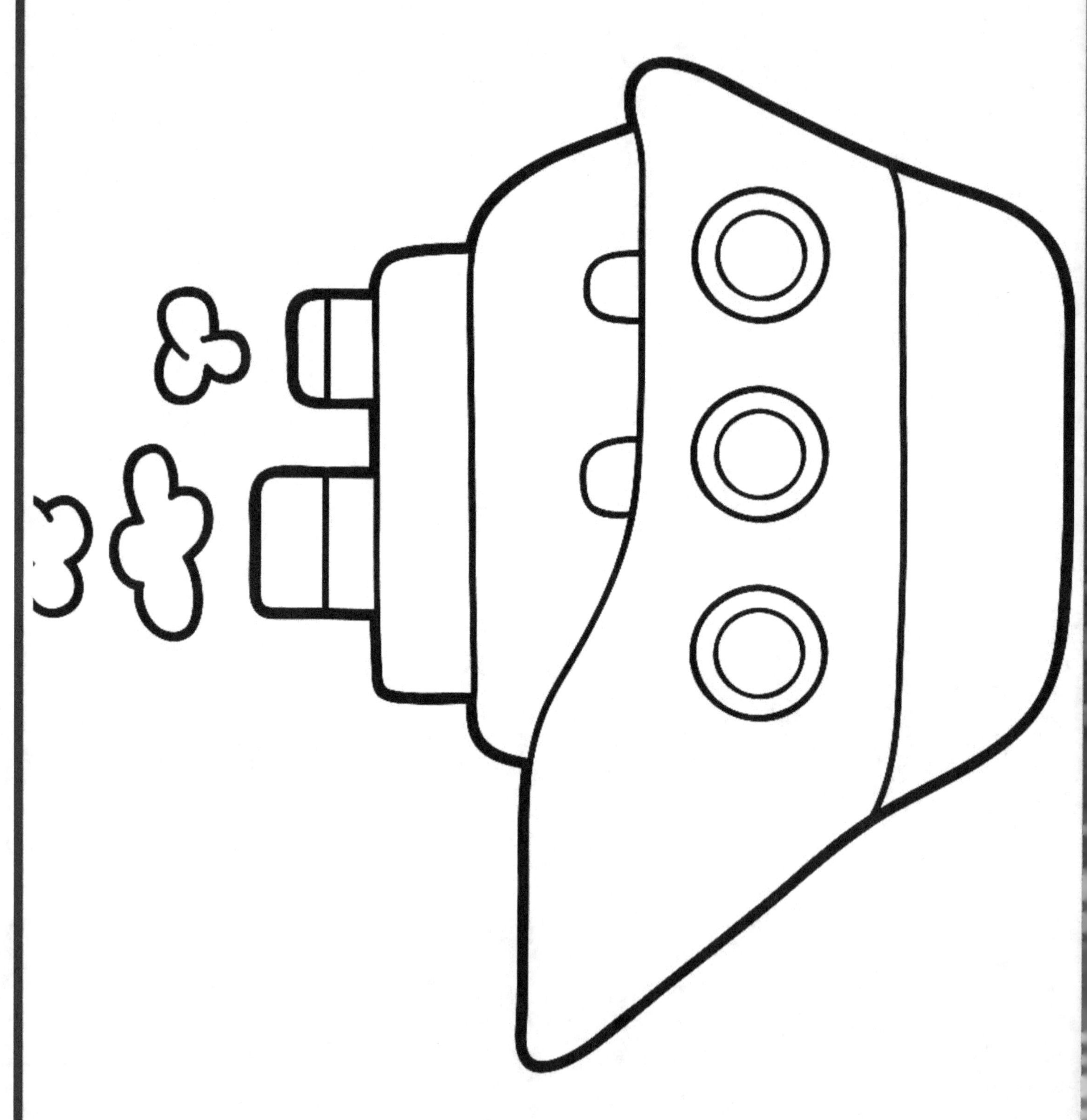

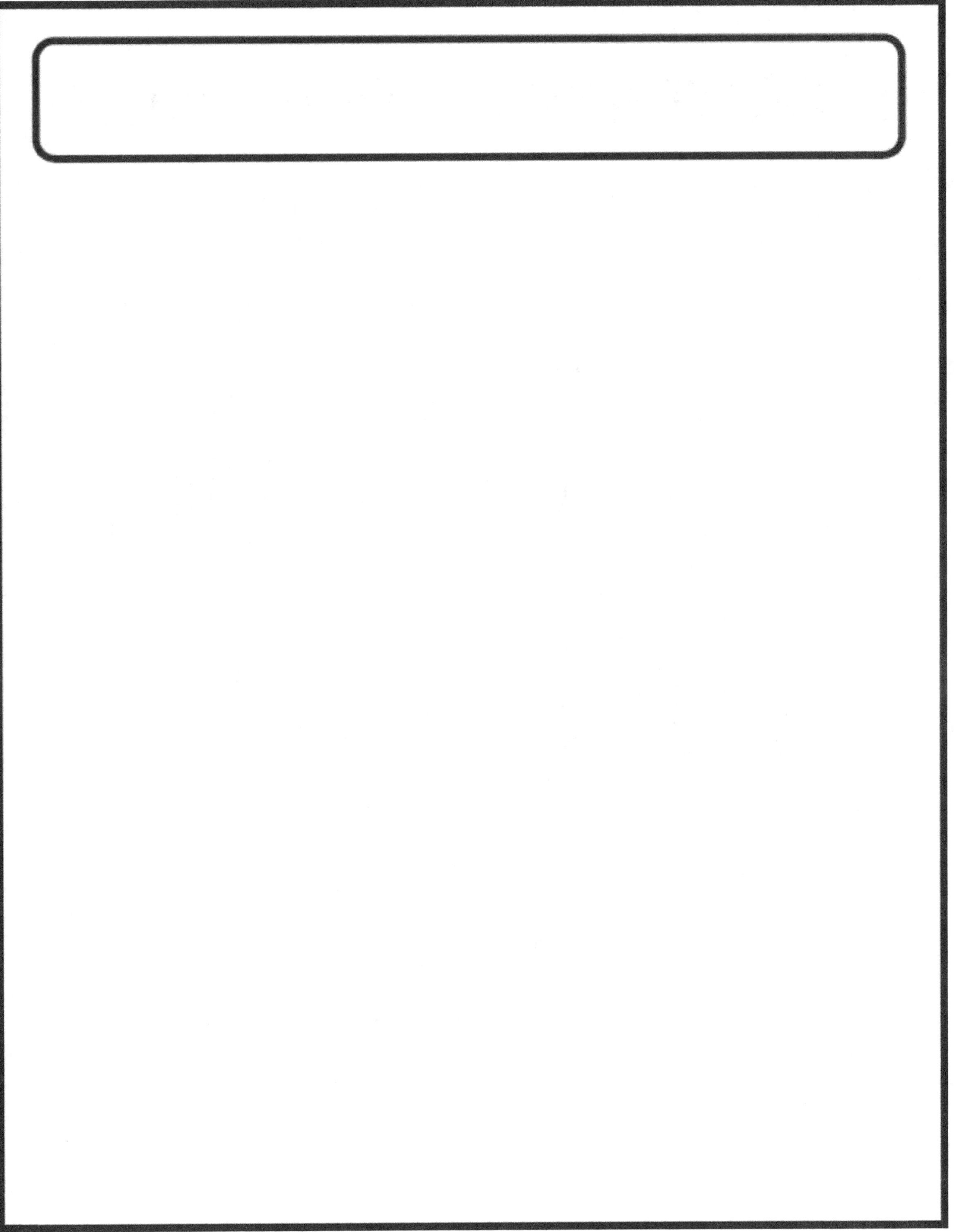

NAVIRES ET BATEAUX LIVRE DE COLORIAGE

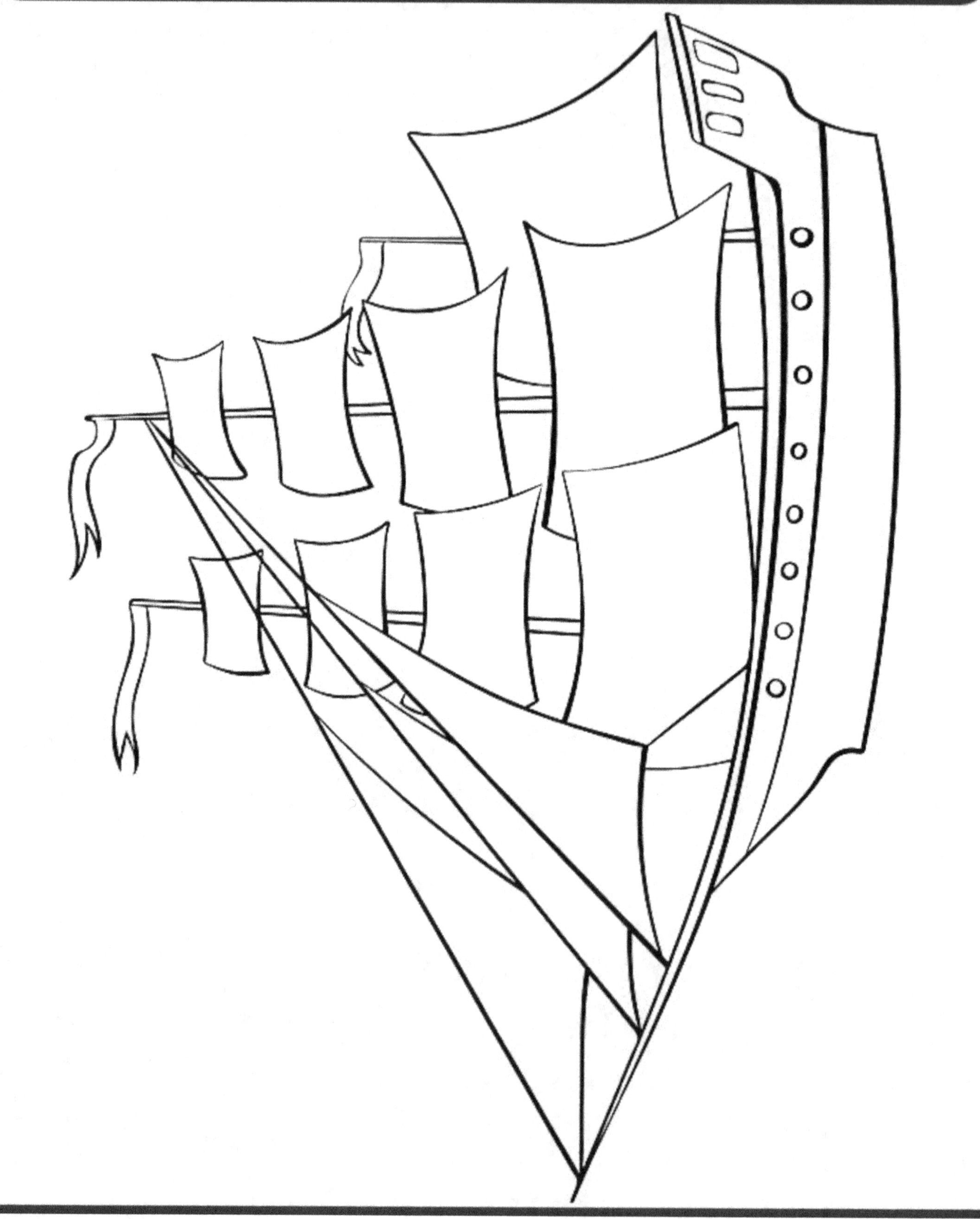

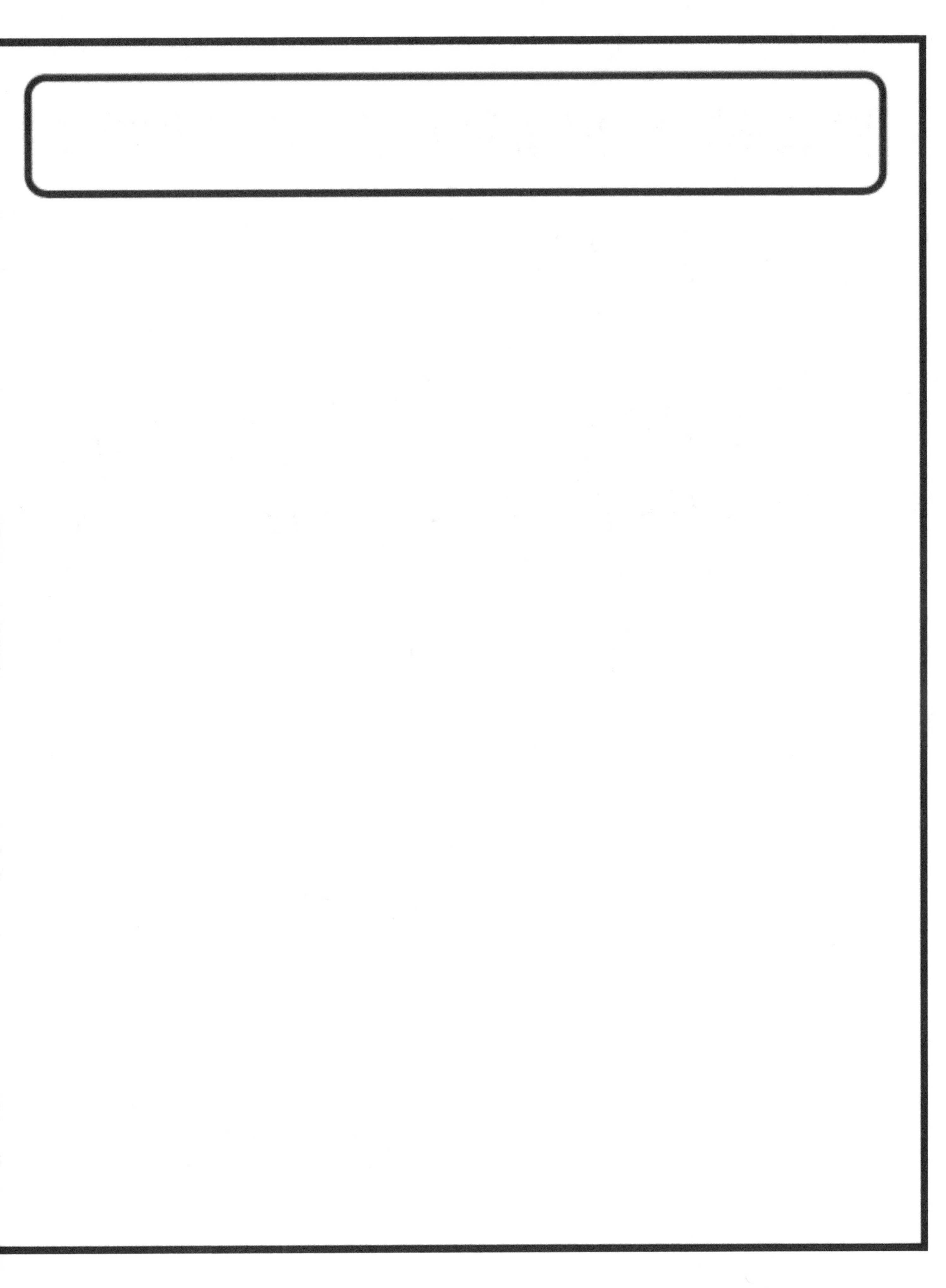

NAVIRES ET BATEAUX LIVRE DE COLORIAGE

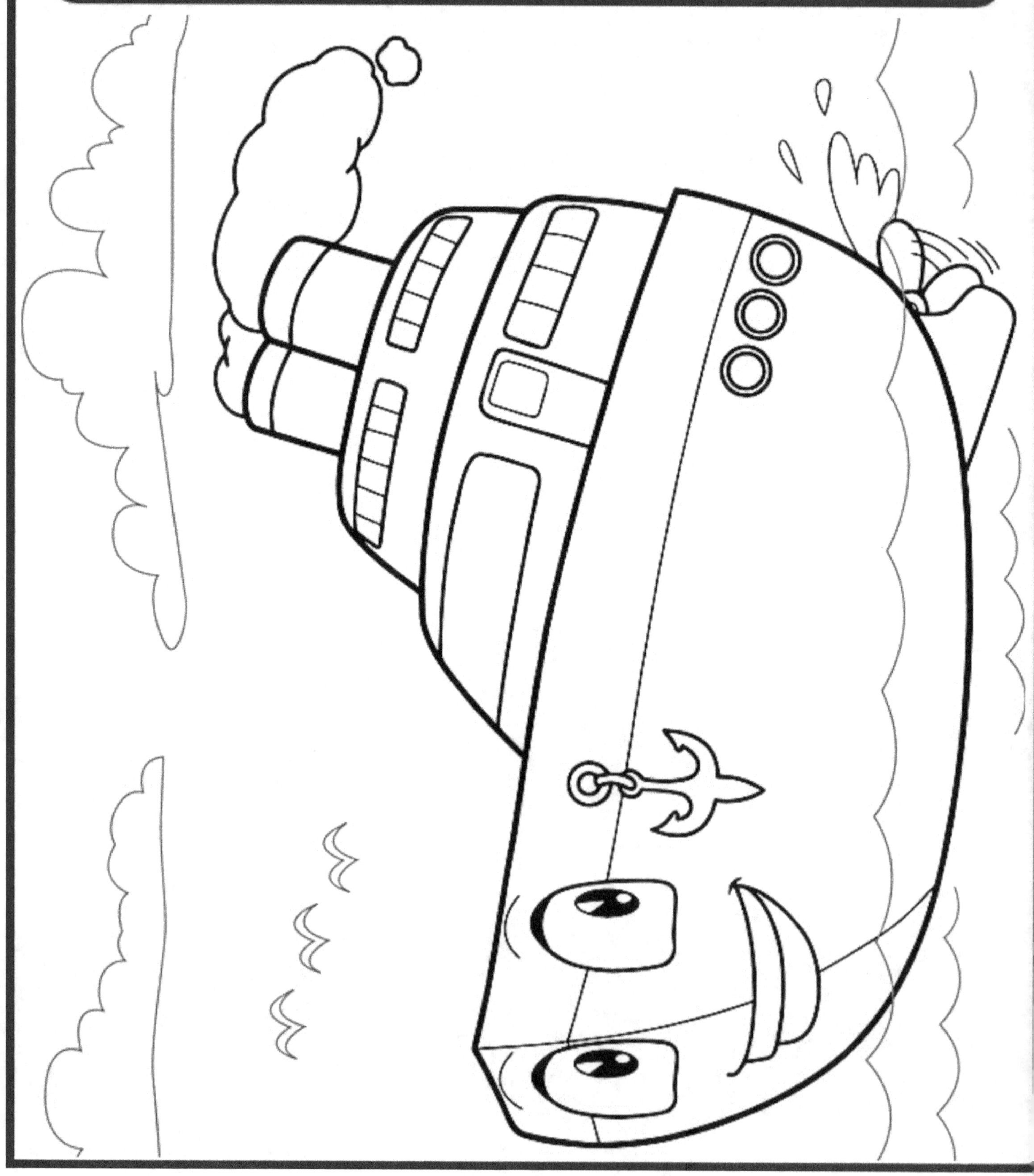

NAVIRES ET BATEAUX LIVRE DE COLORIAGE

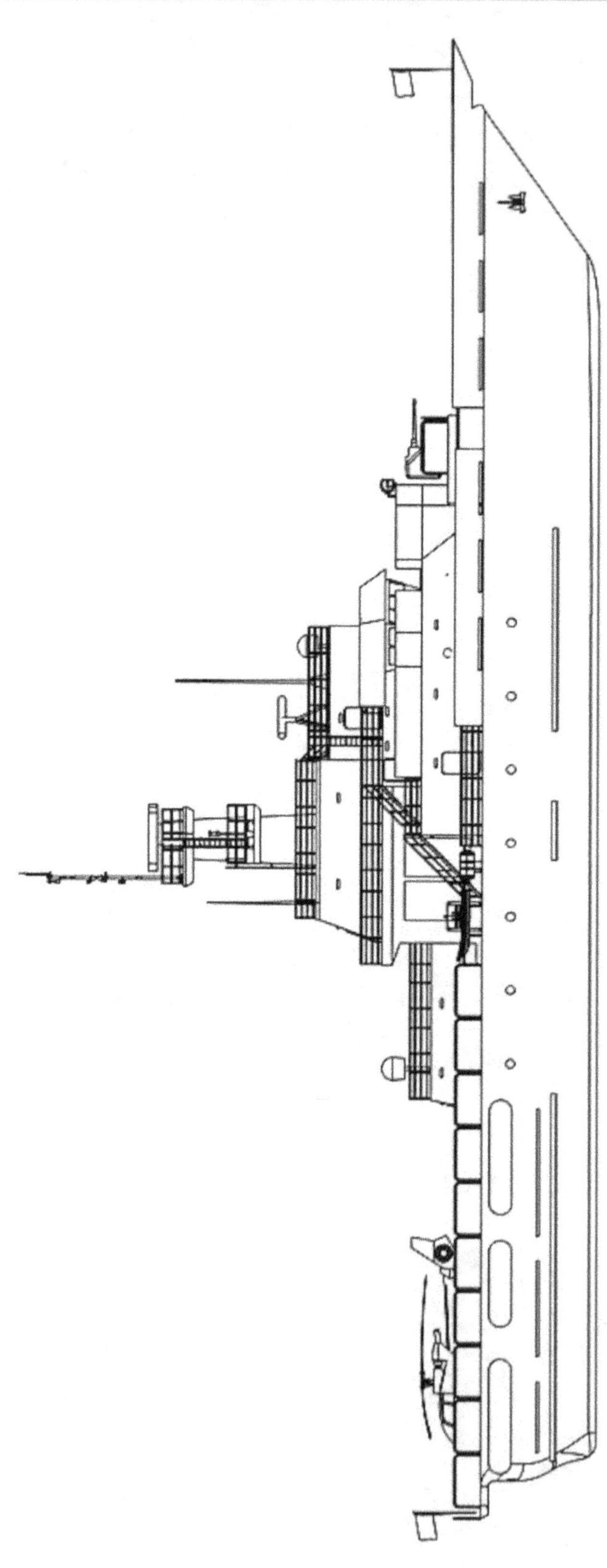

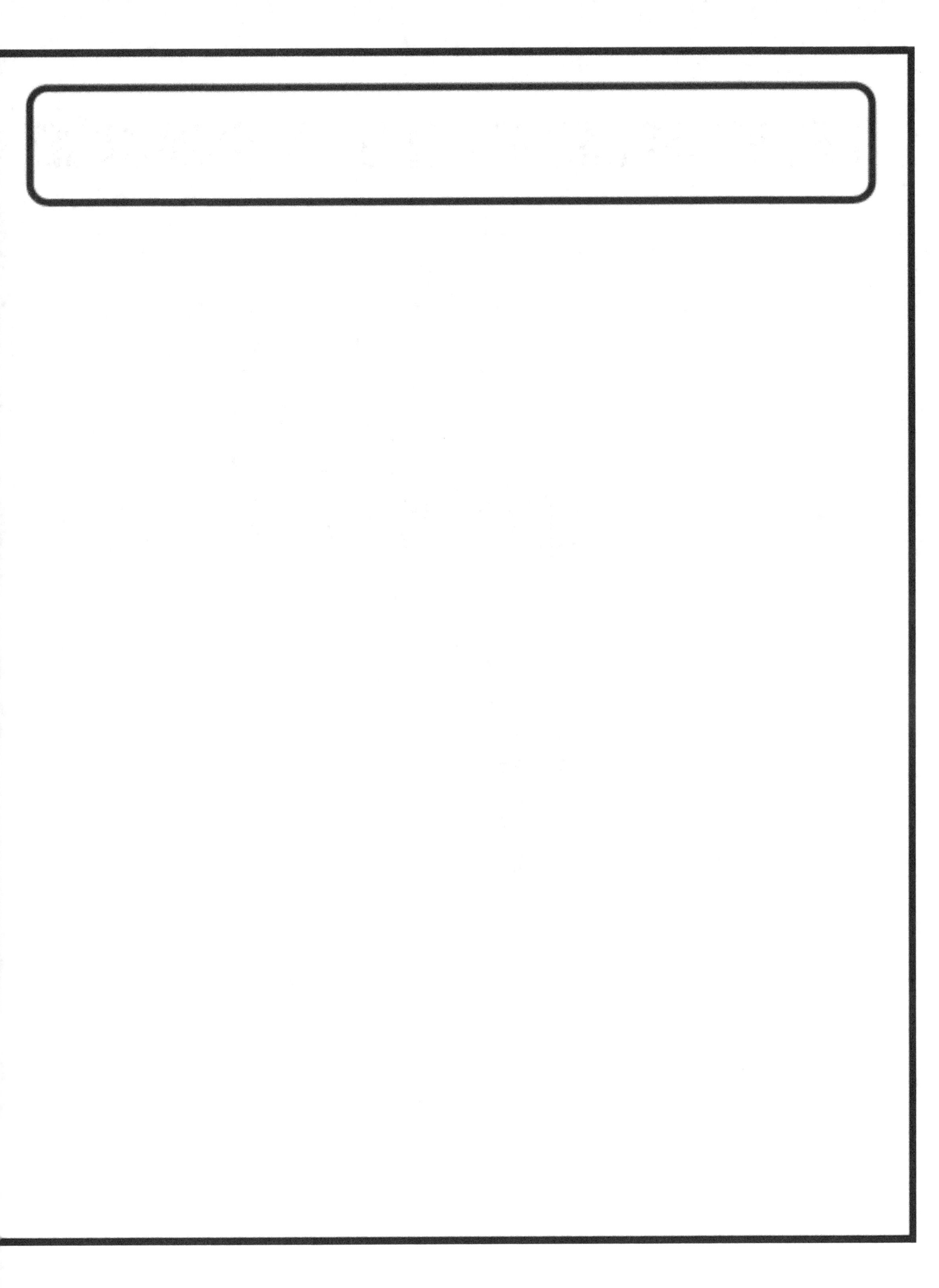

NAVIRES ET BATEAUX LIVRE DE COLORIAGE

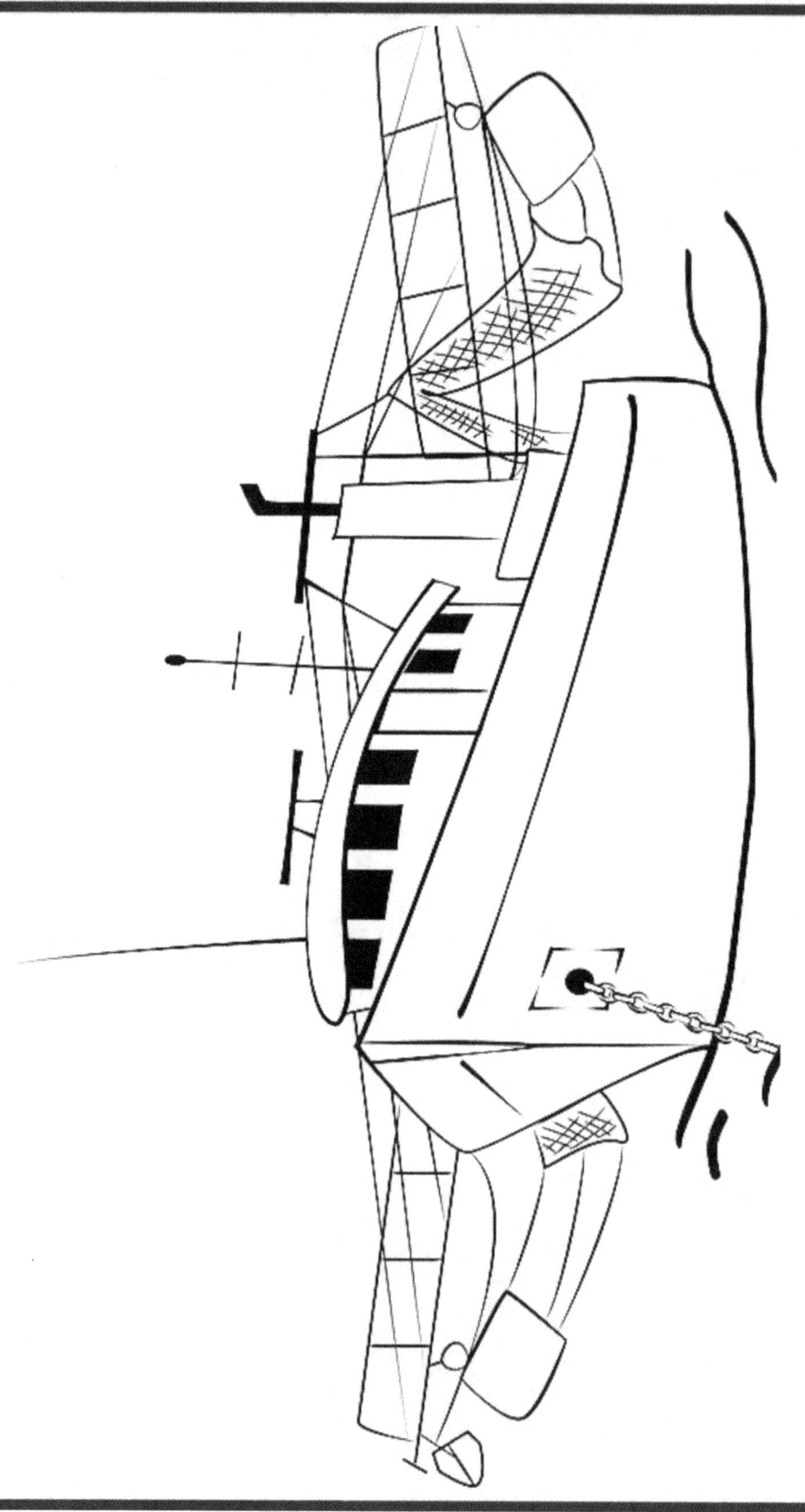

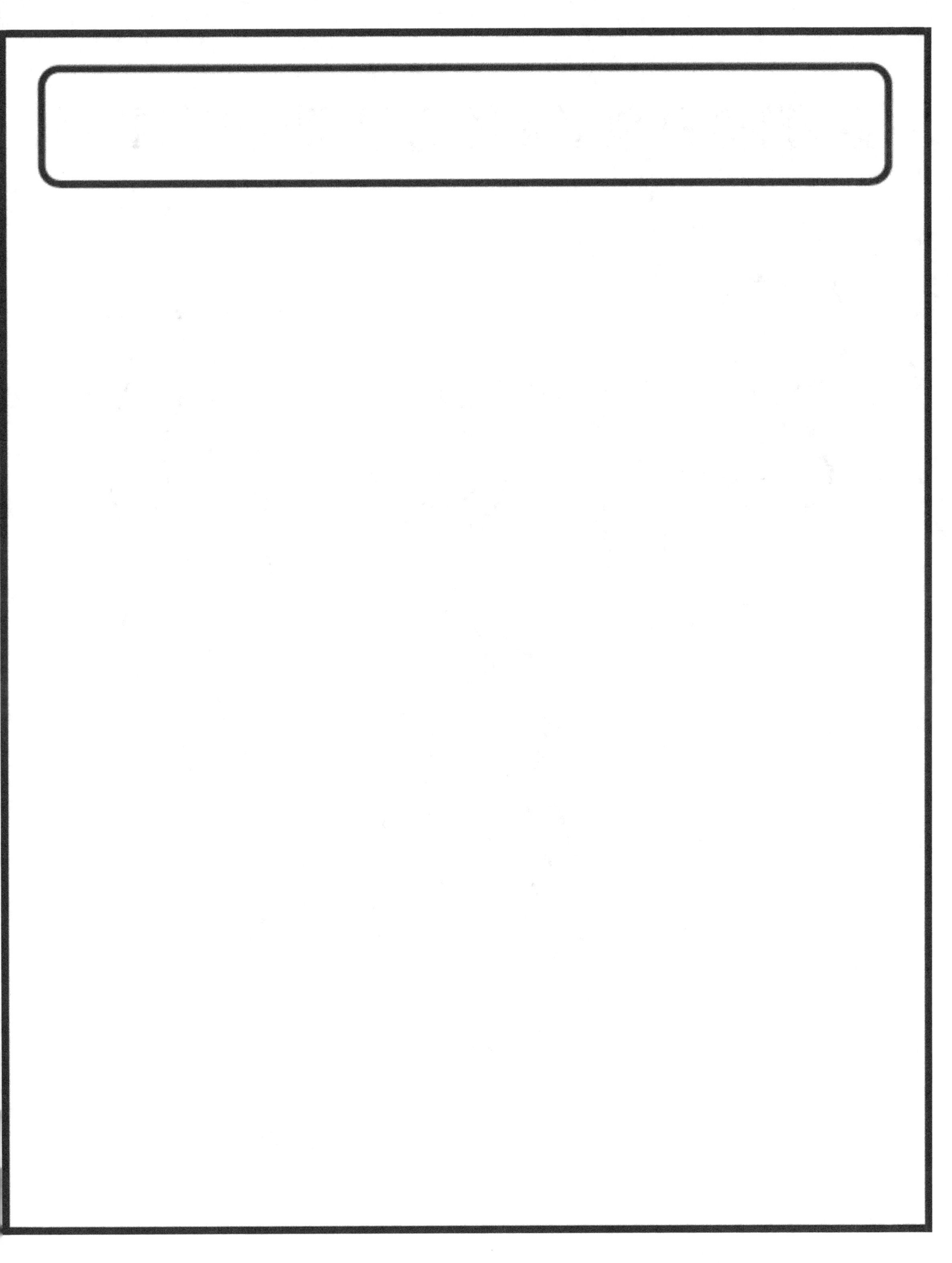

NAVIRES ET BATEAUX LIVRE DE COLORIAGE

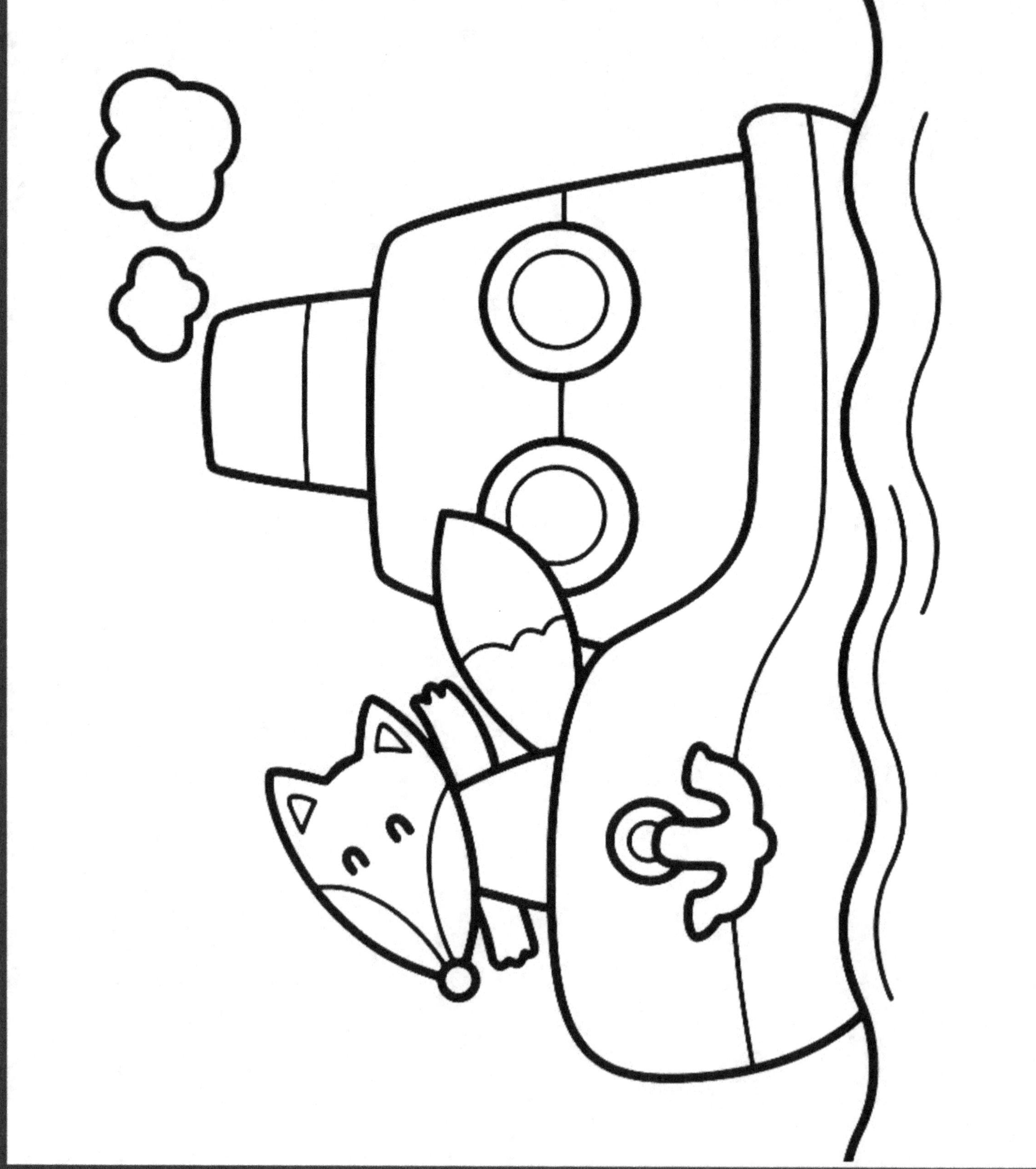

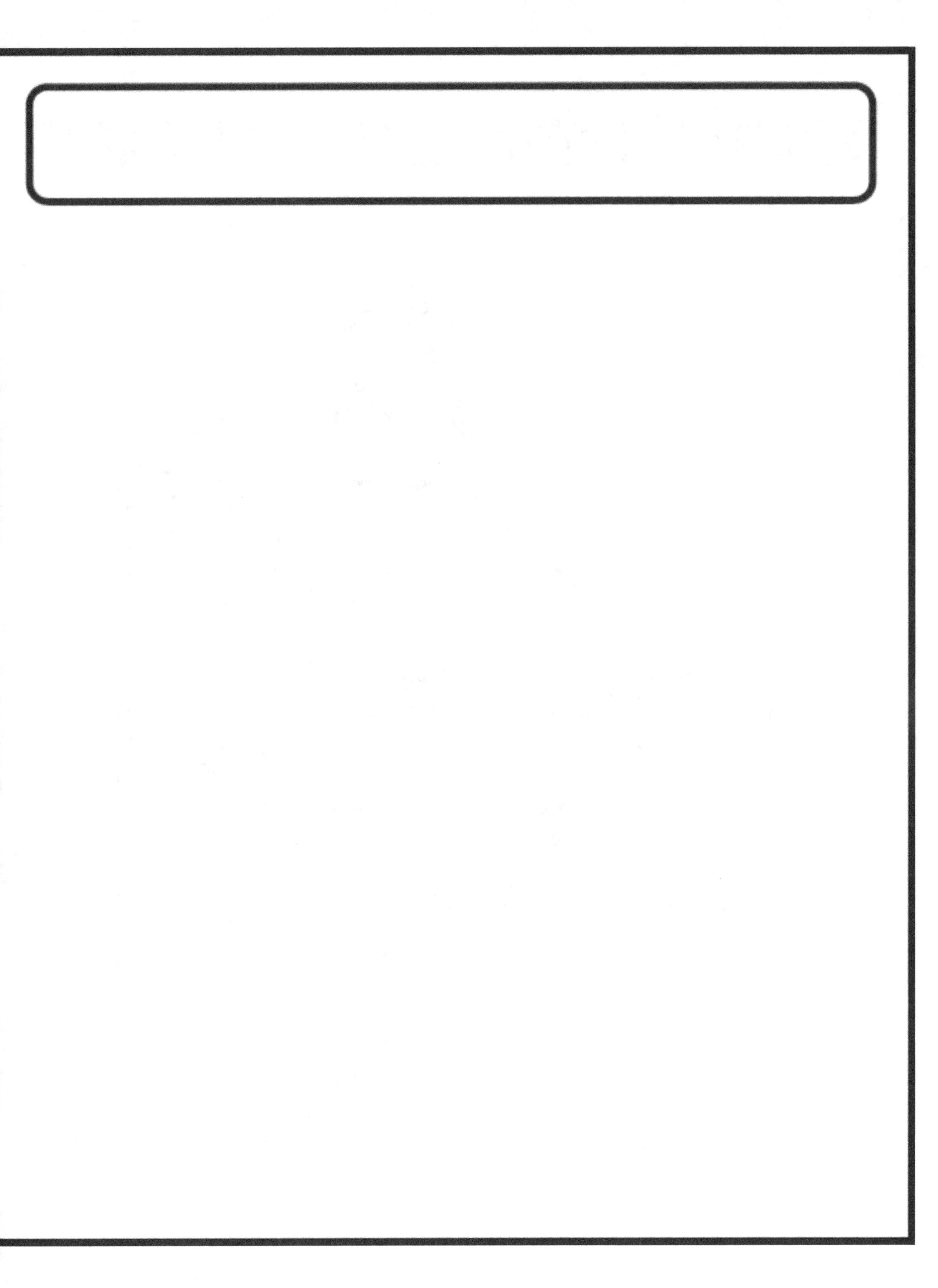

NAVIRES ET BATEAUX LIVRE DE COLORIAGE

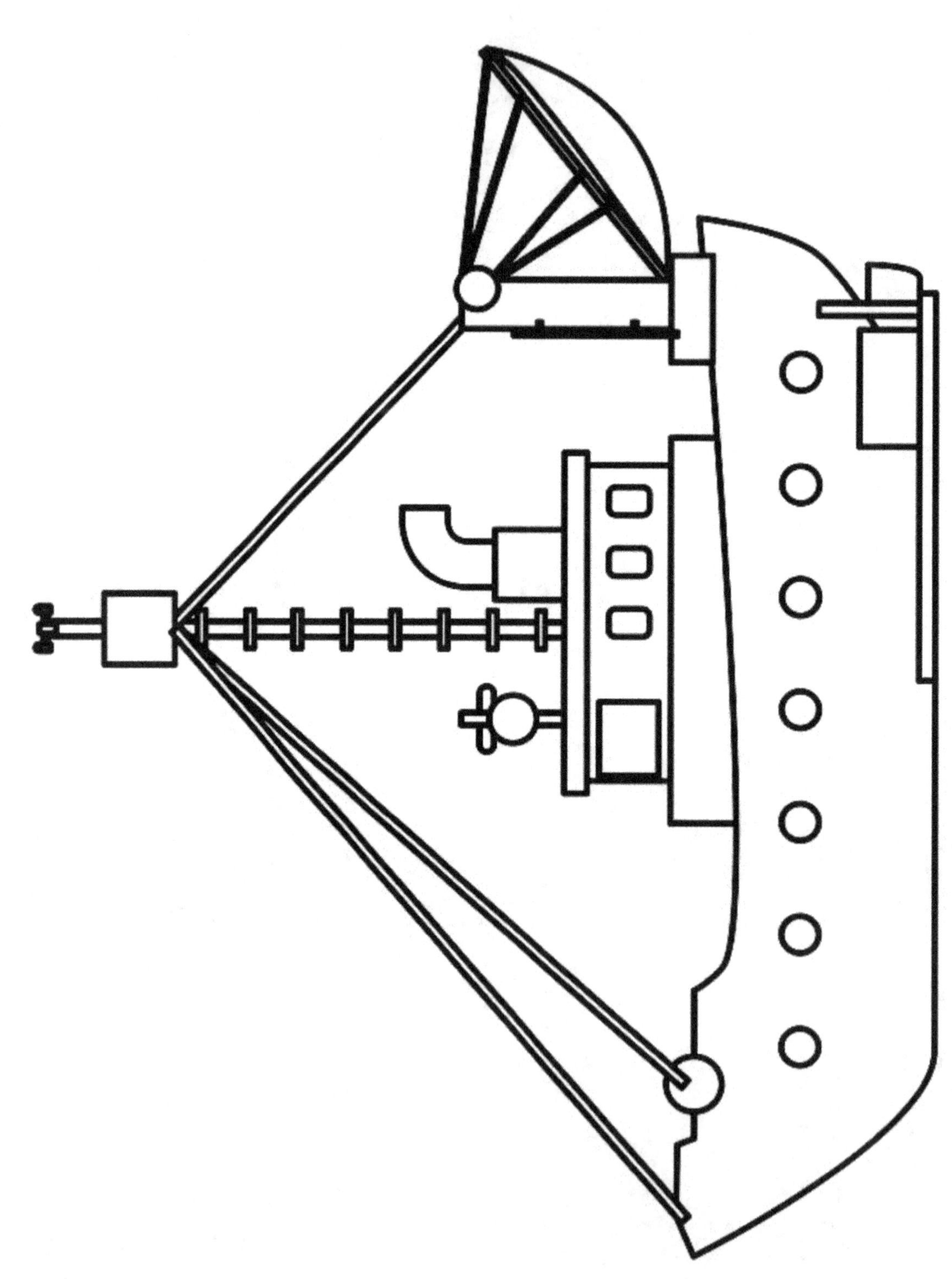

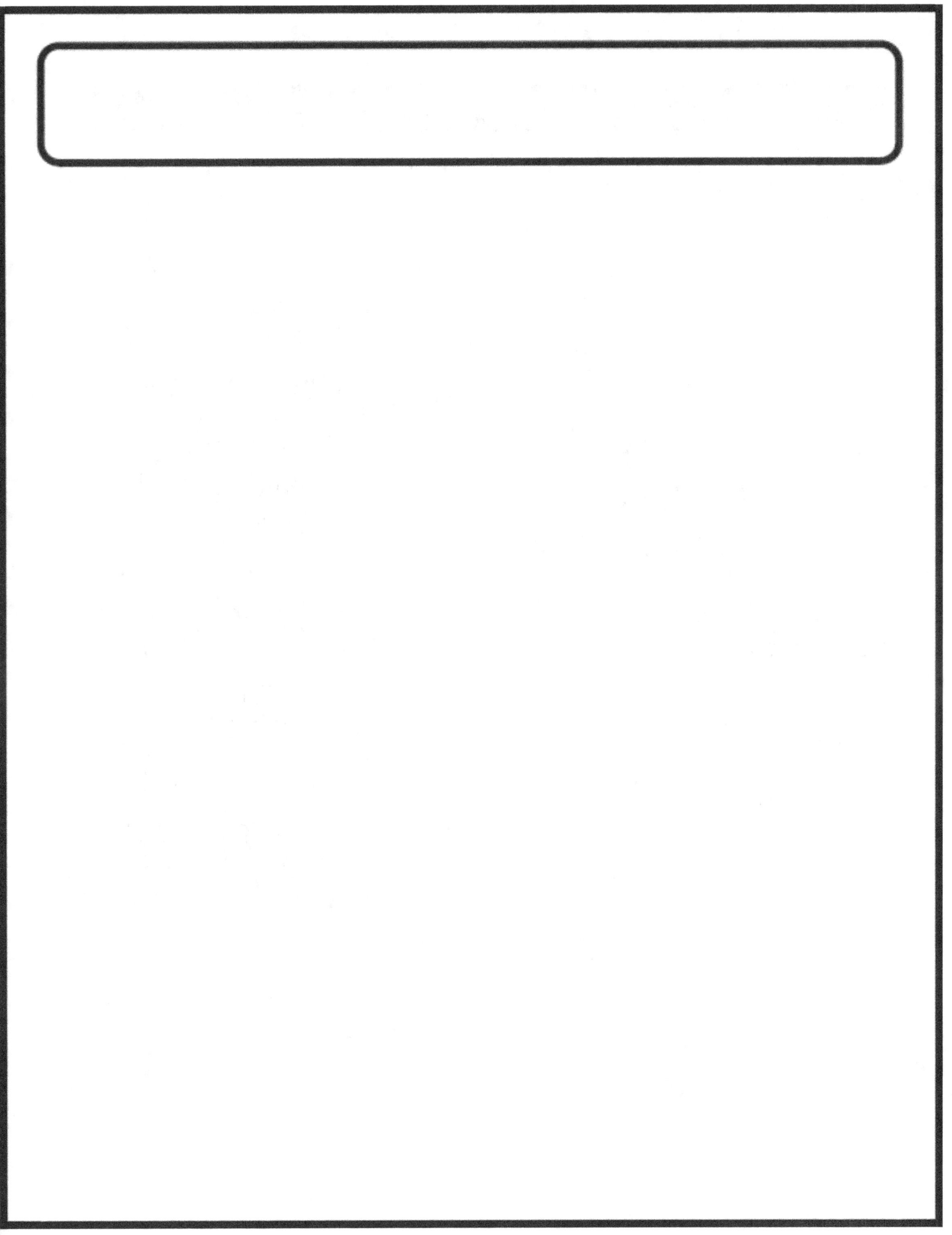

NAVIRES ET BATEAUX LIVRE DE COLORIAGE

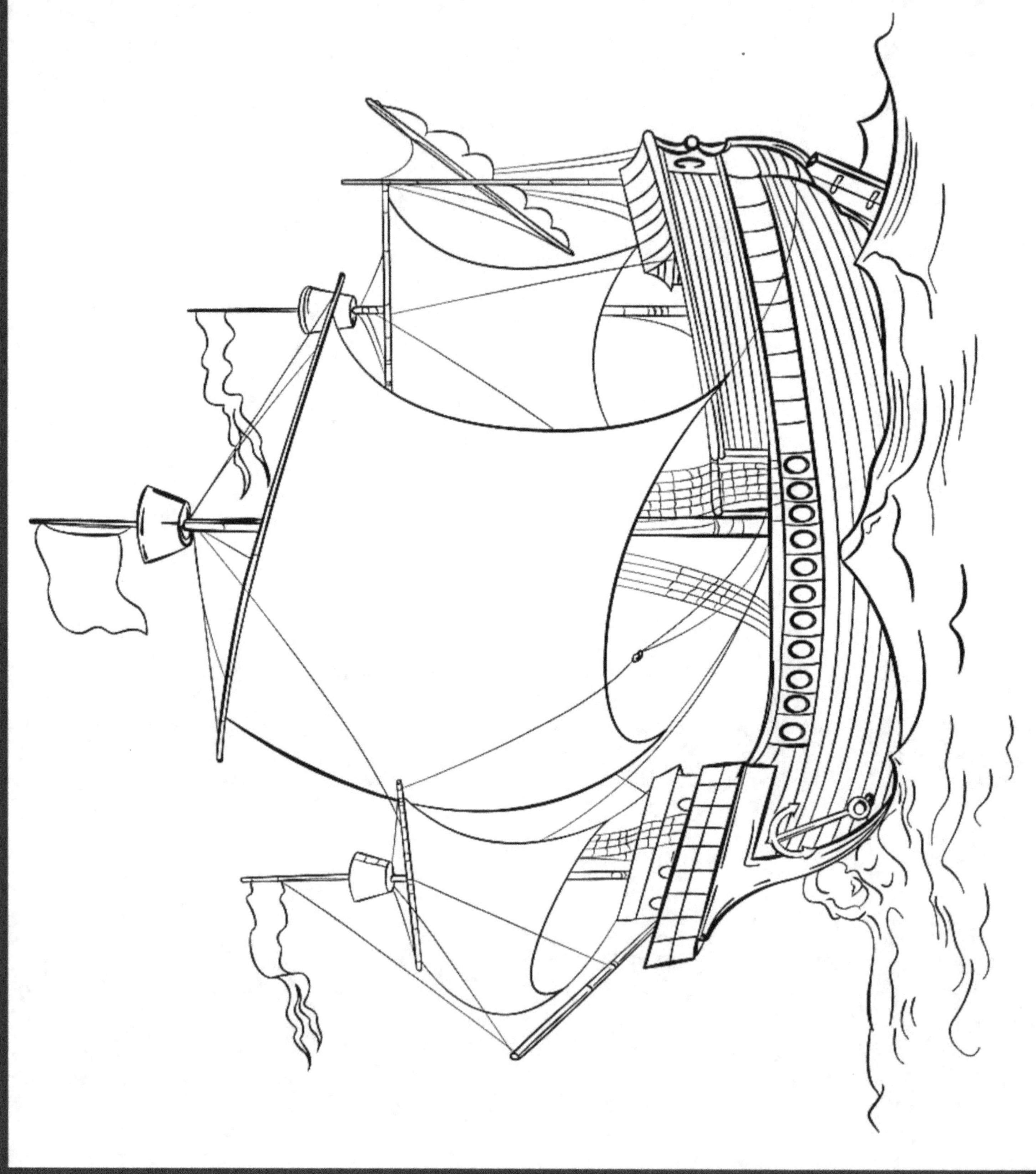

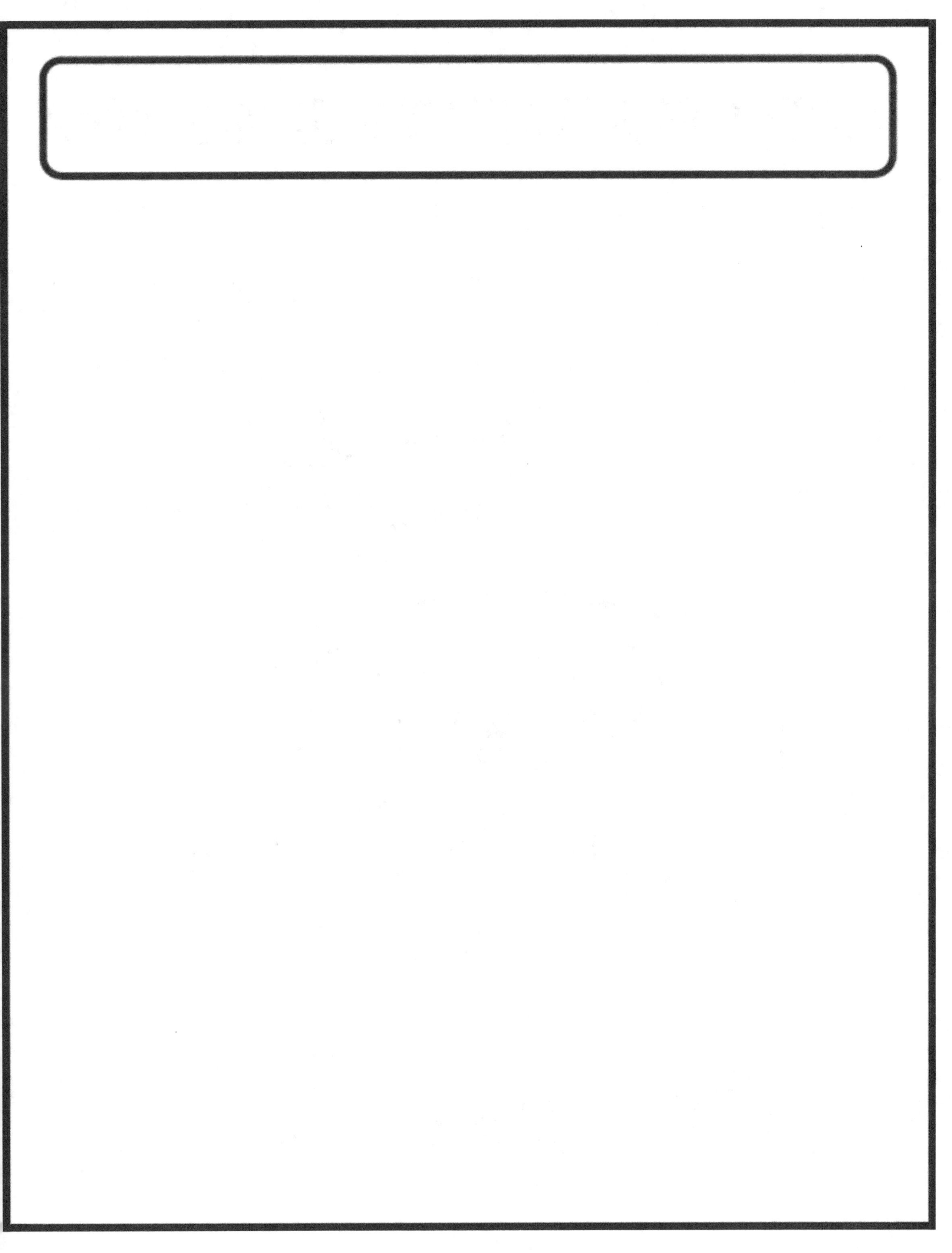

NAVIRES ET BATEAUX LIVRE DE COLORIAGE

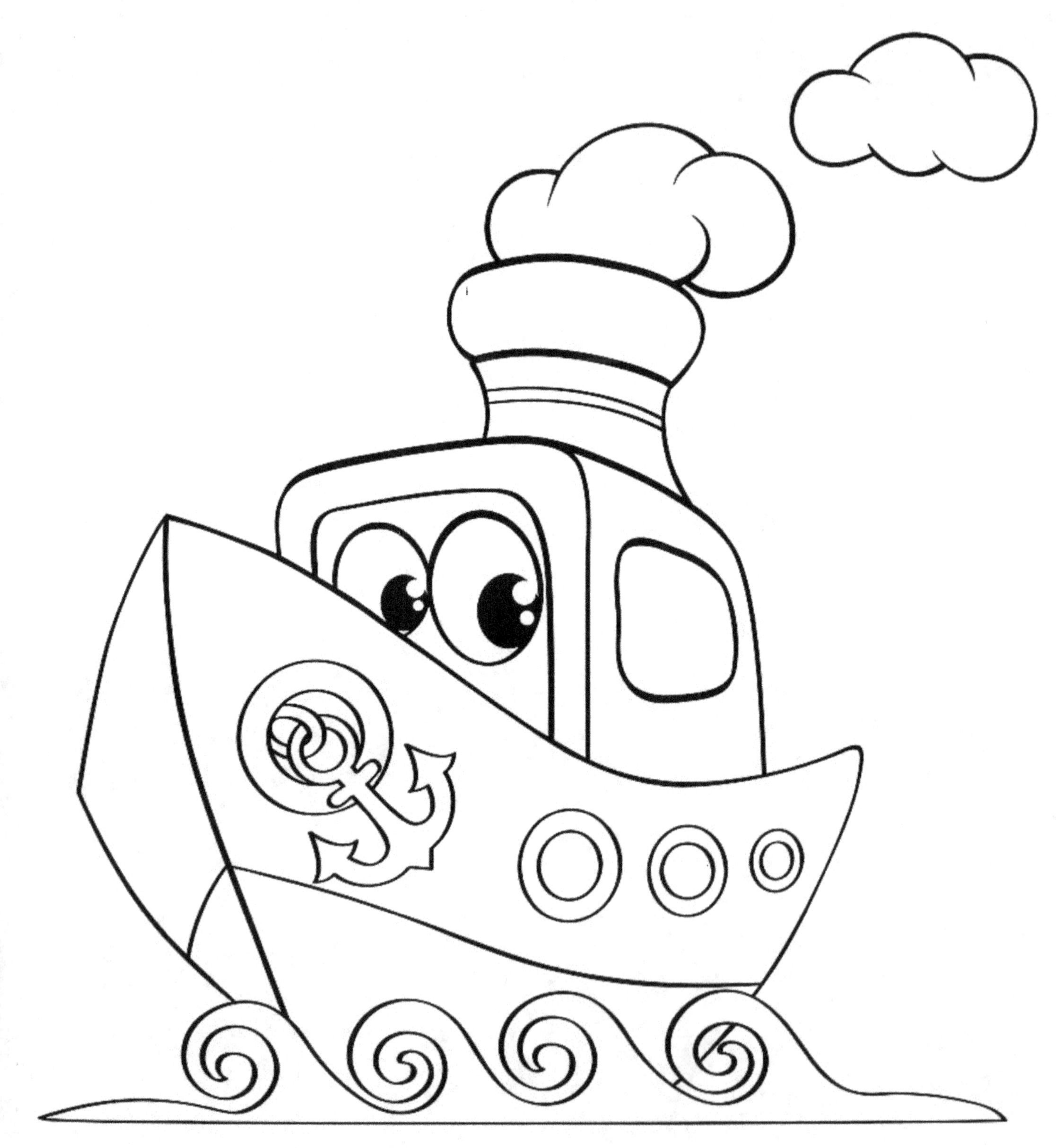

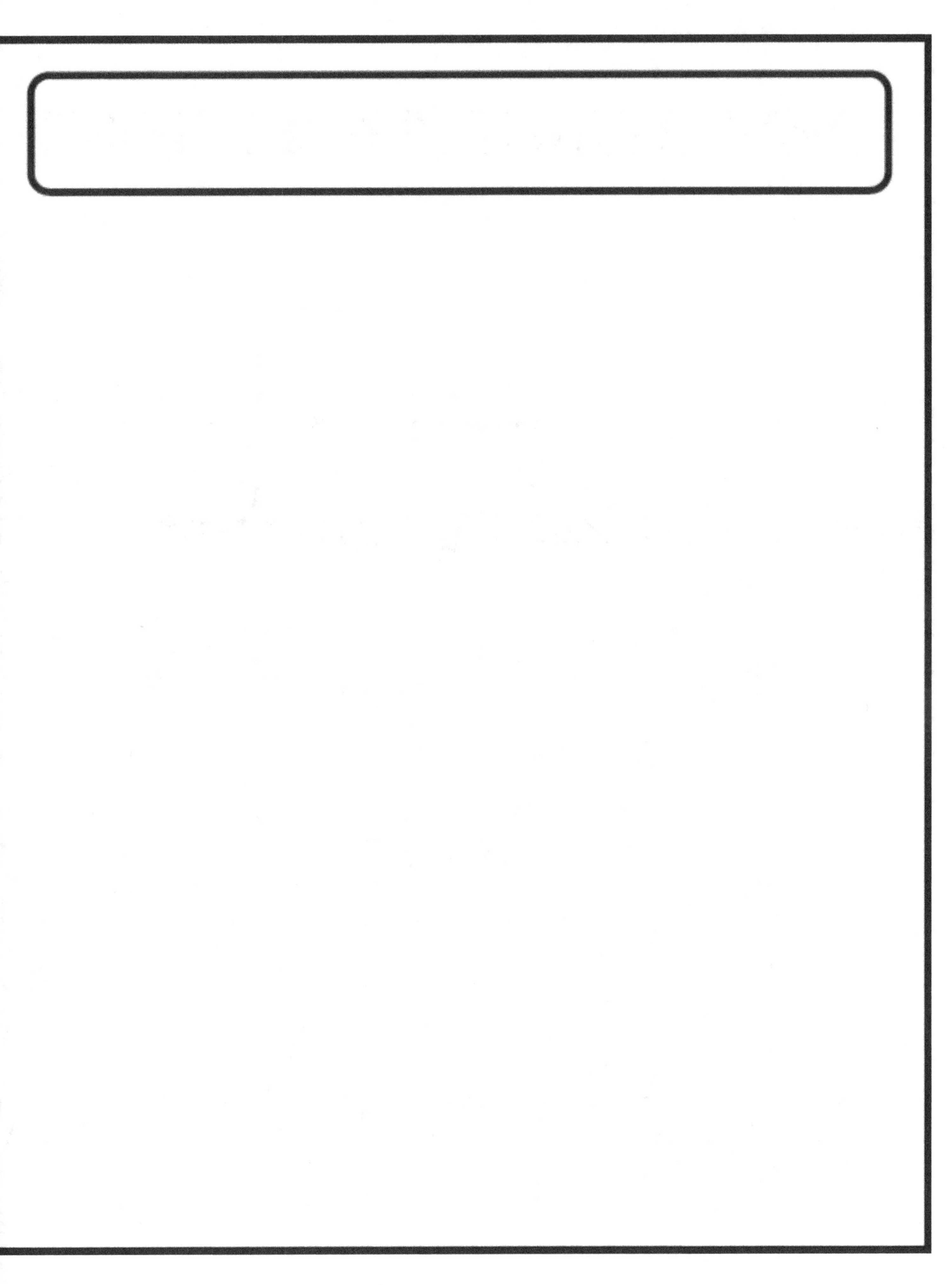

NAVIRES ET BATEAUX LIVRE DE COLORIAGE

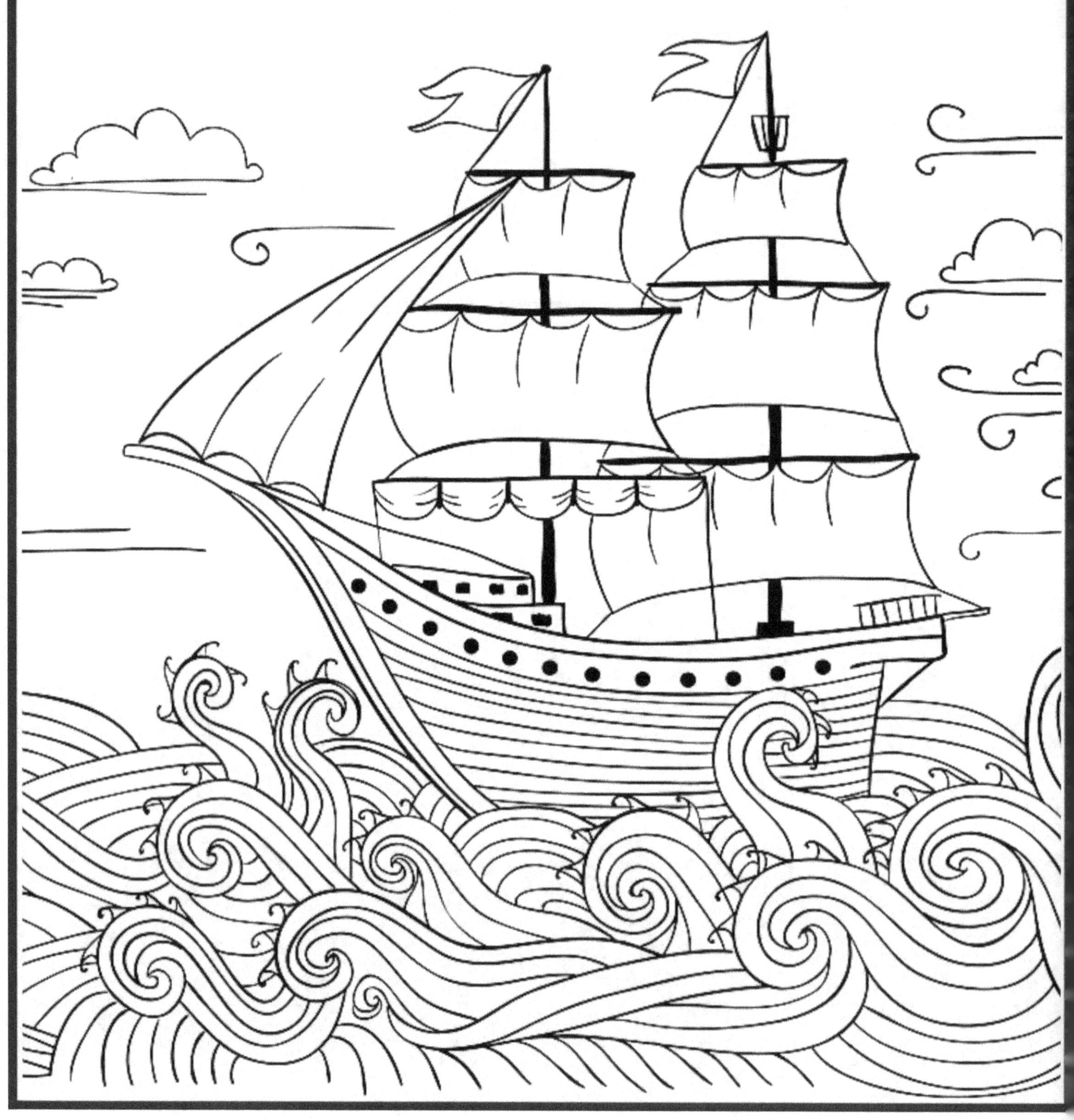

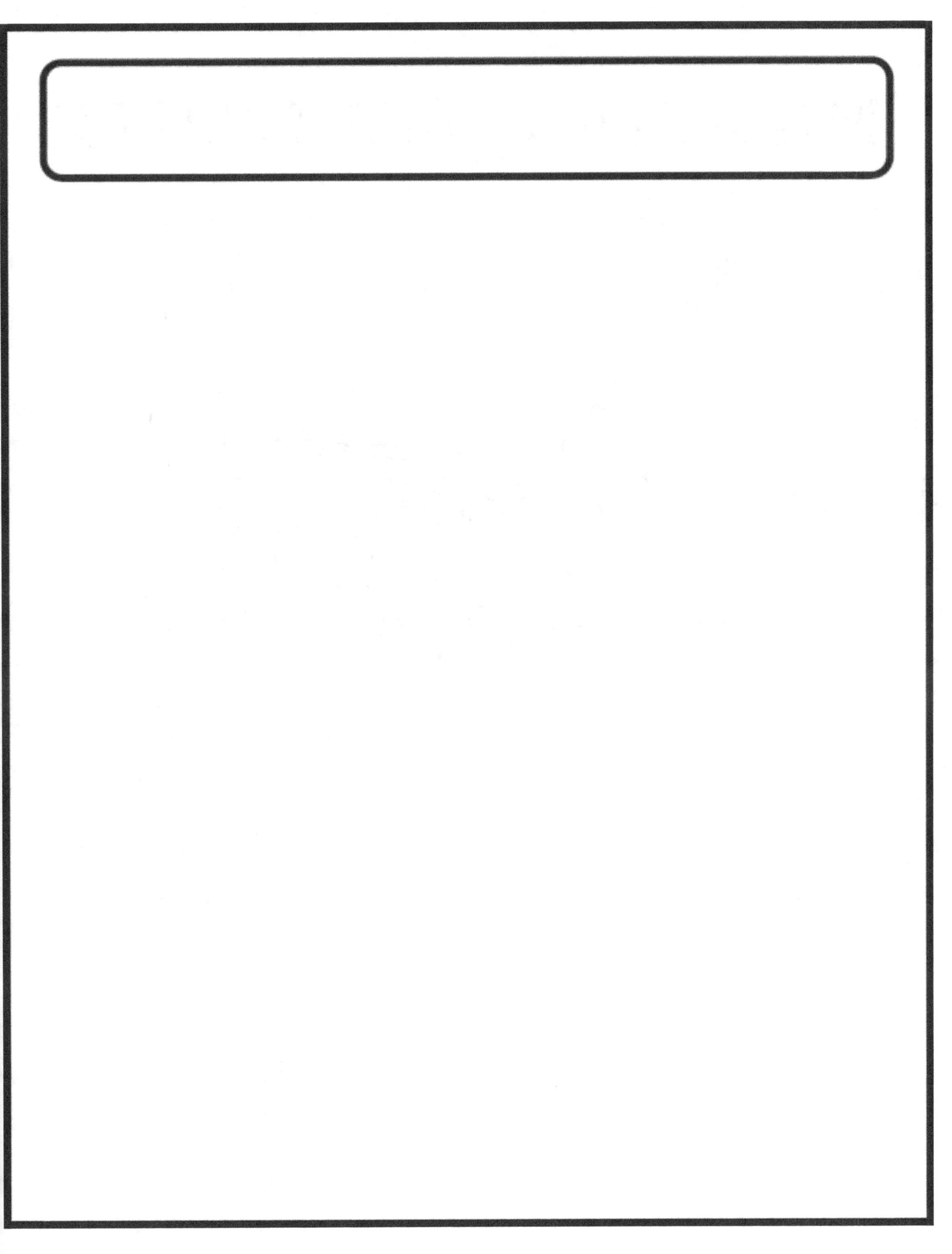

NAVIRES ET BATEAUX LIVRE DE COLORIAGE

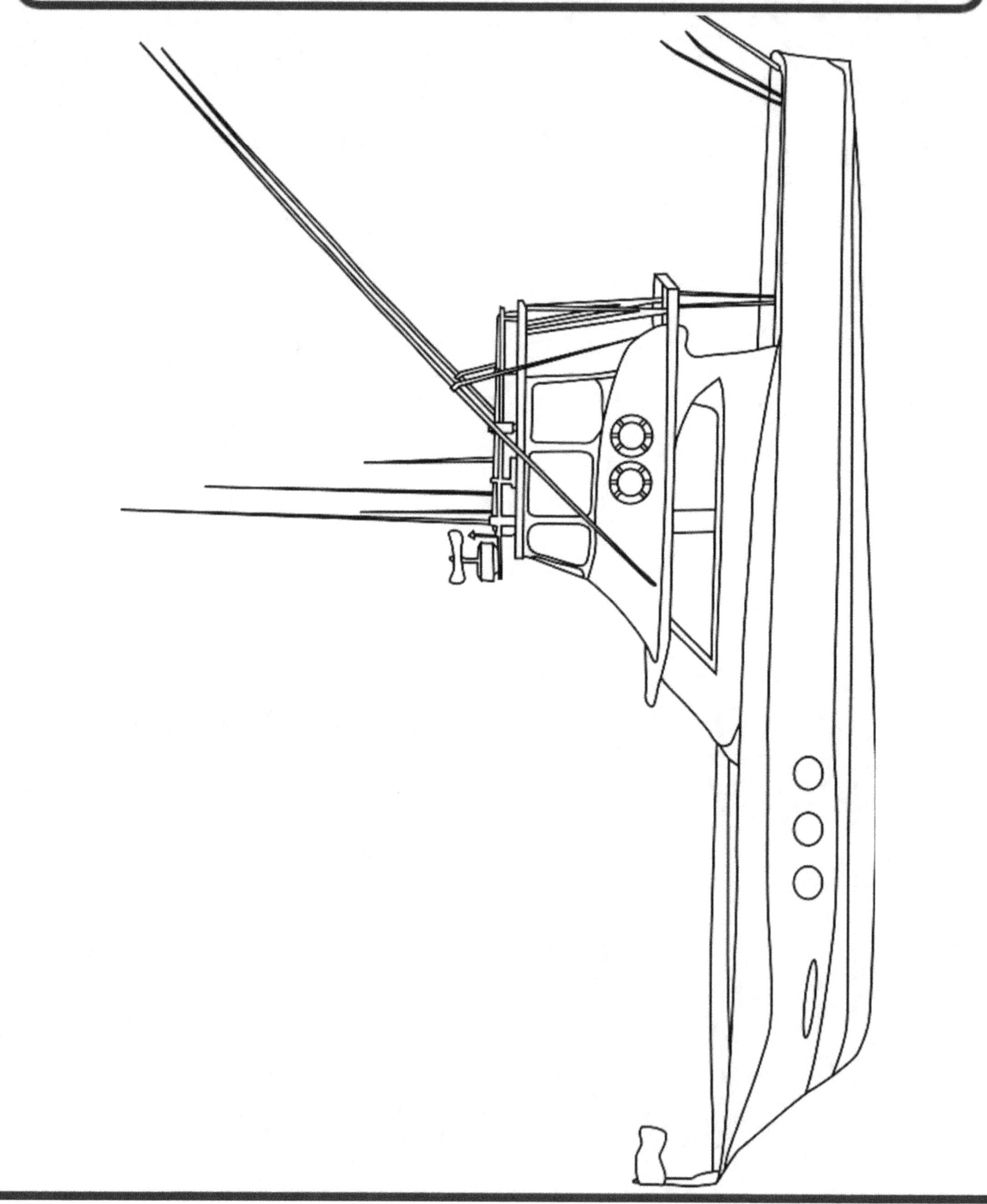

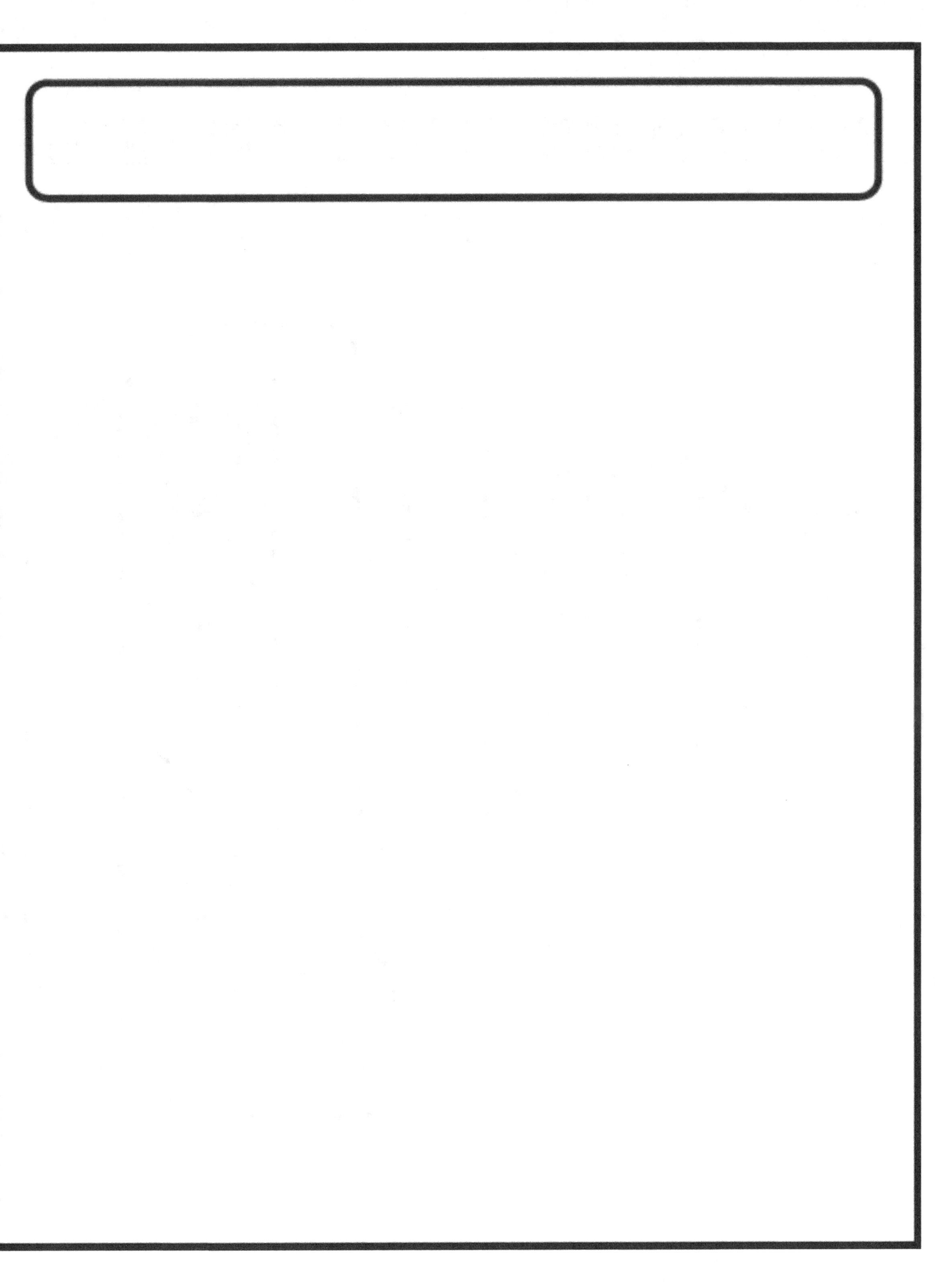

NAVIRES ET BATEAUX LIVRE DE COLORIAGE

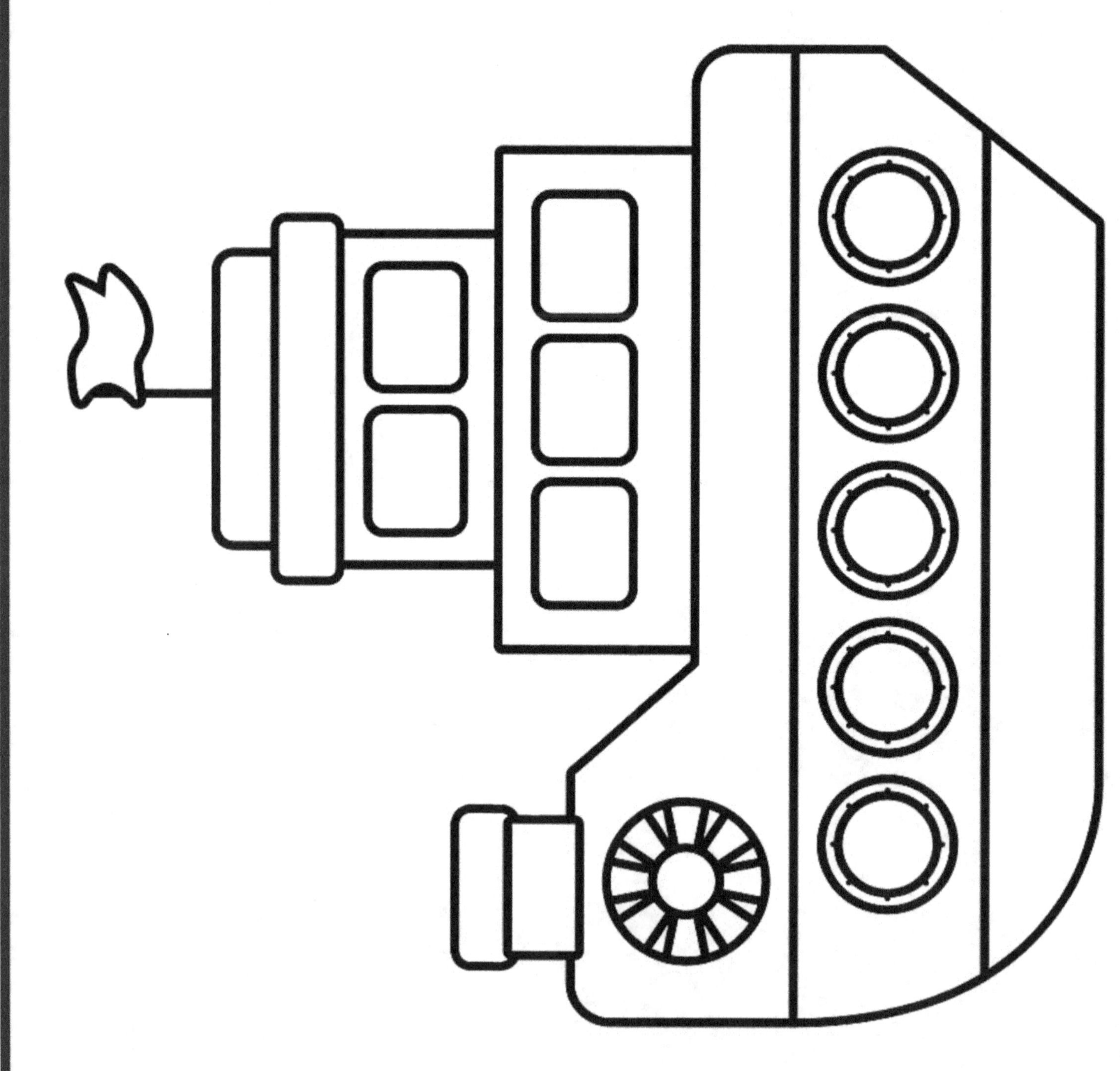

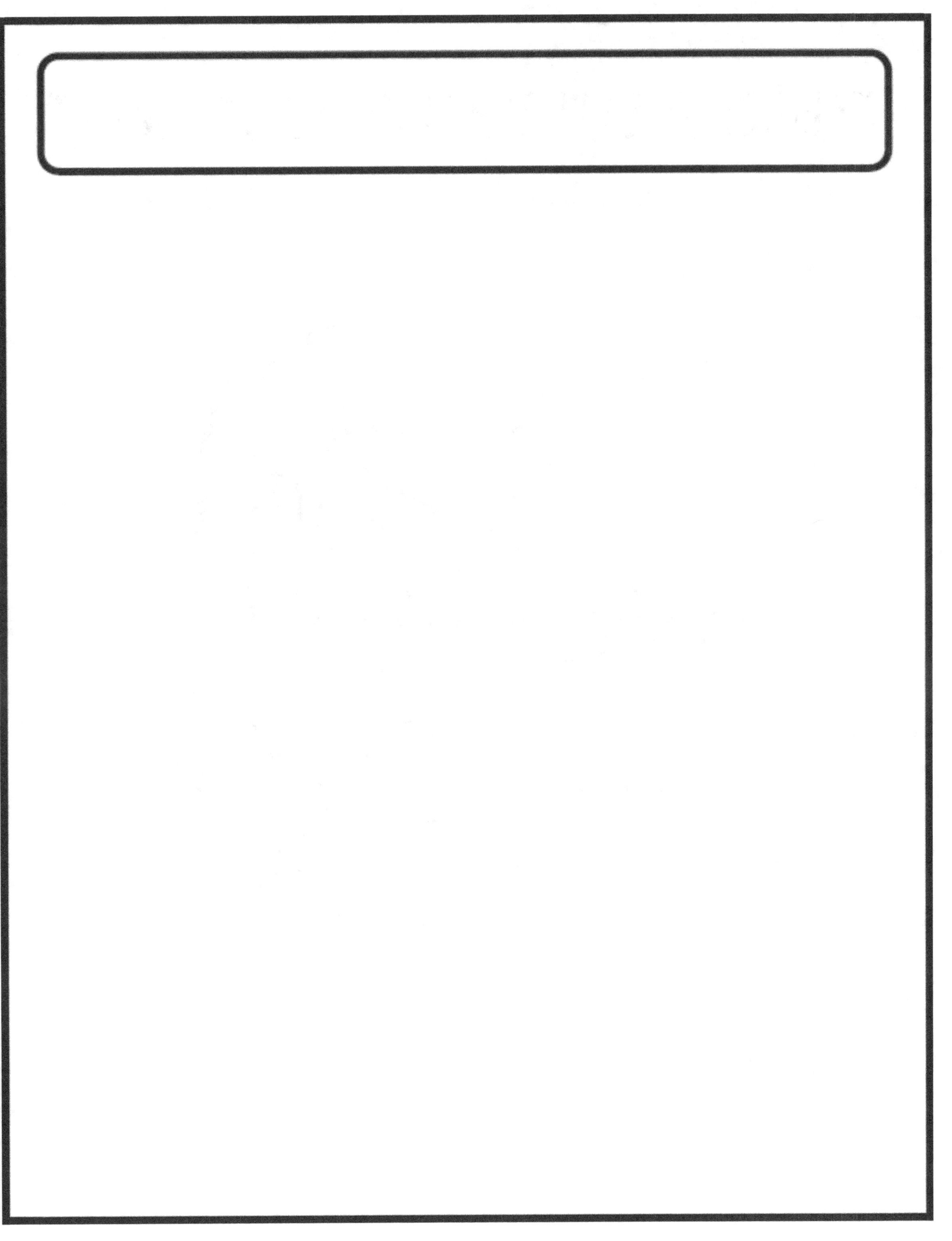

NAVIRES ET BATEAUX LIVRE DE COLORIAGE

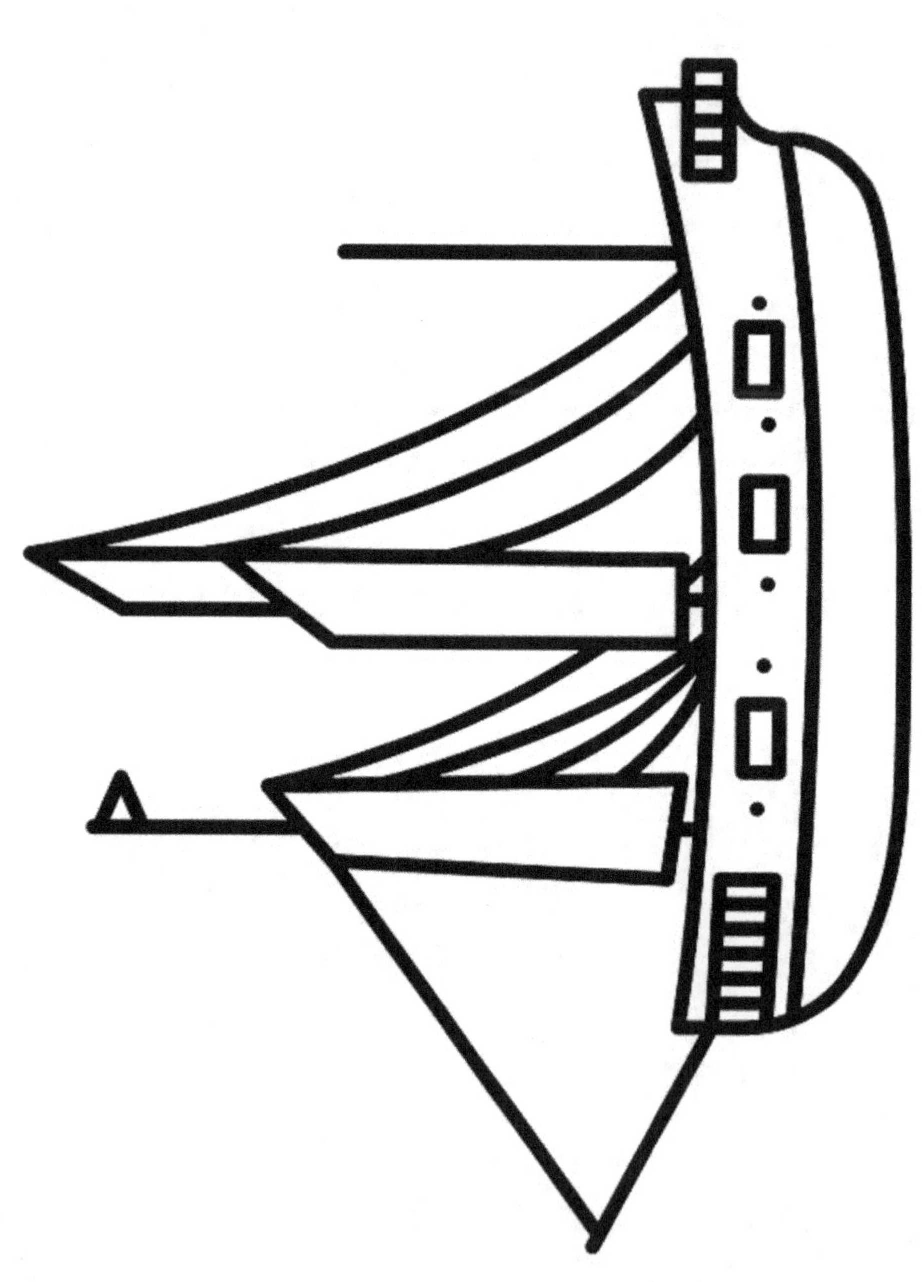

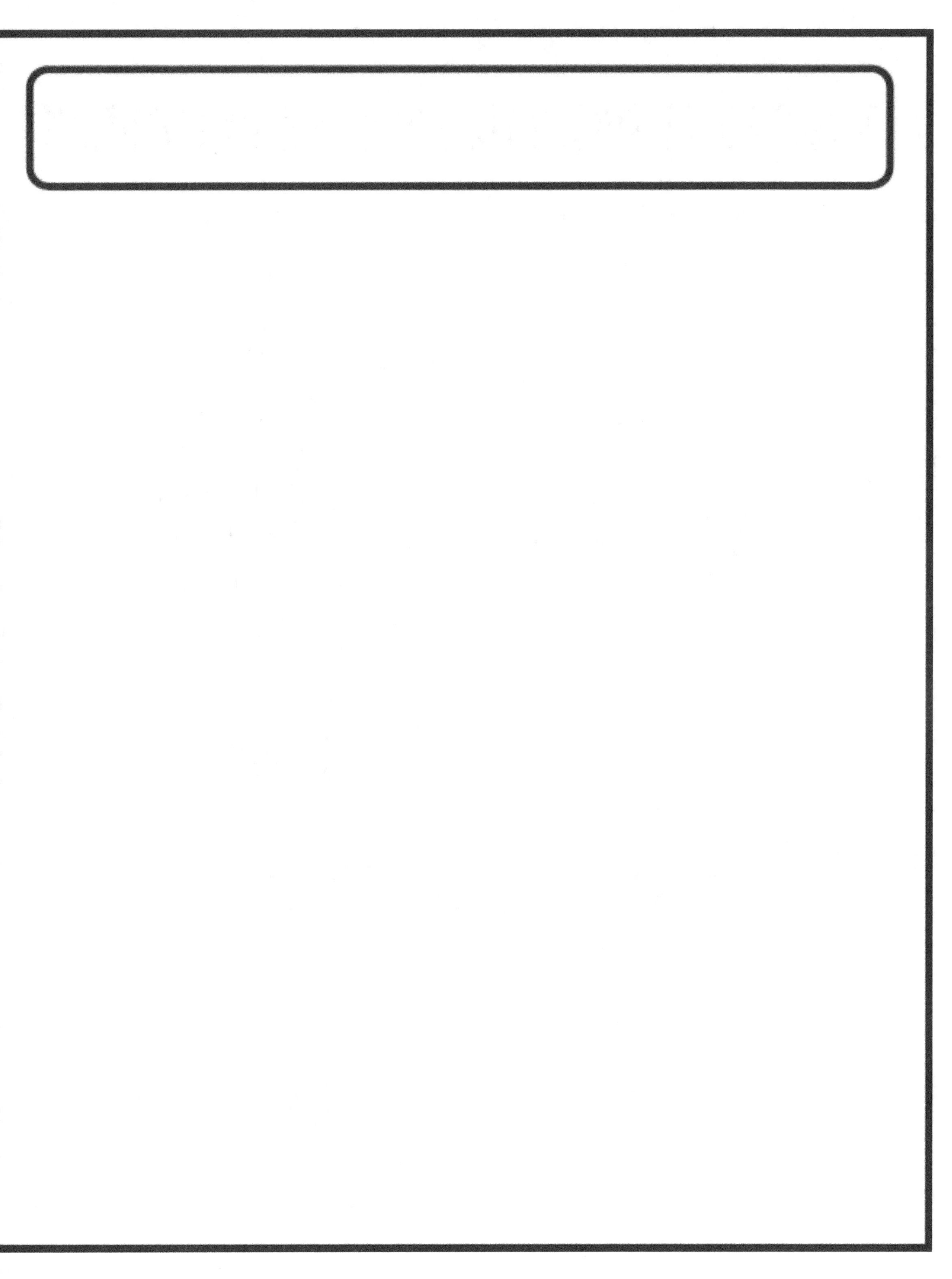

NAVIRES ET BATEAUX LIVRE DE COLORIAGE

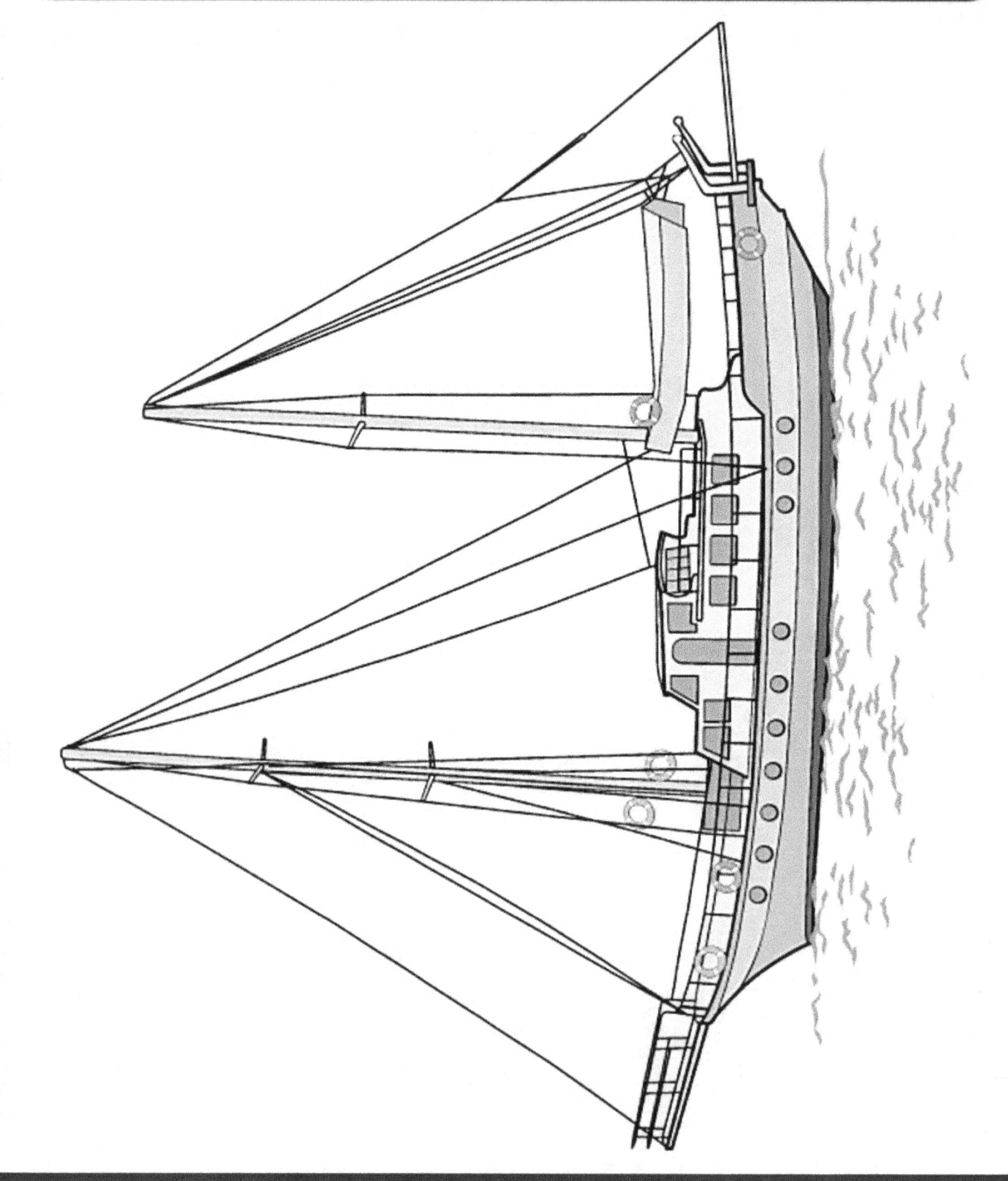

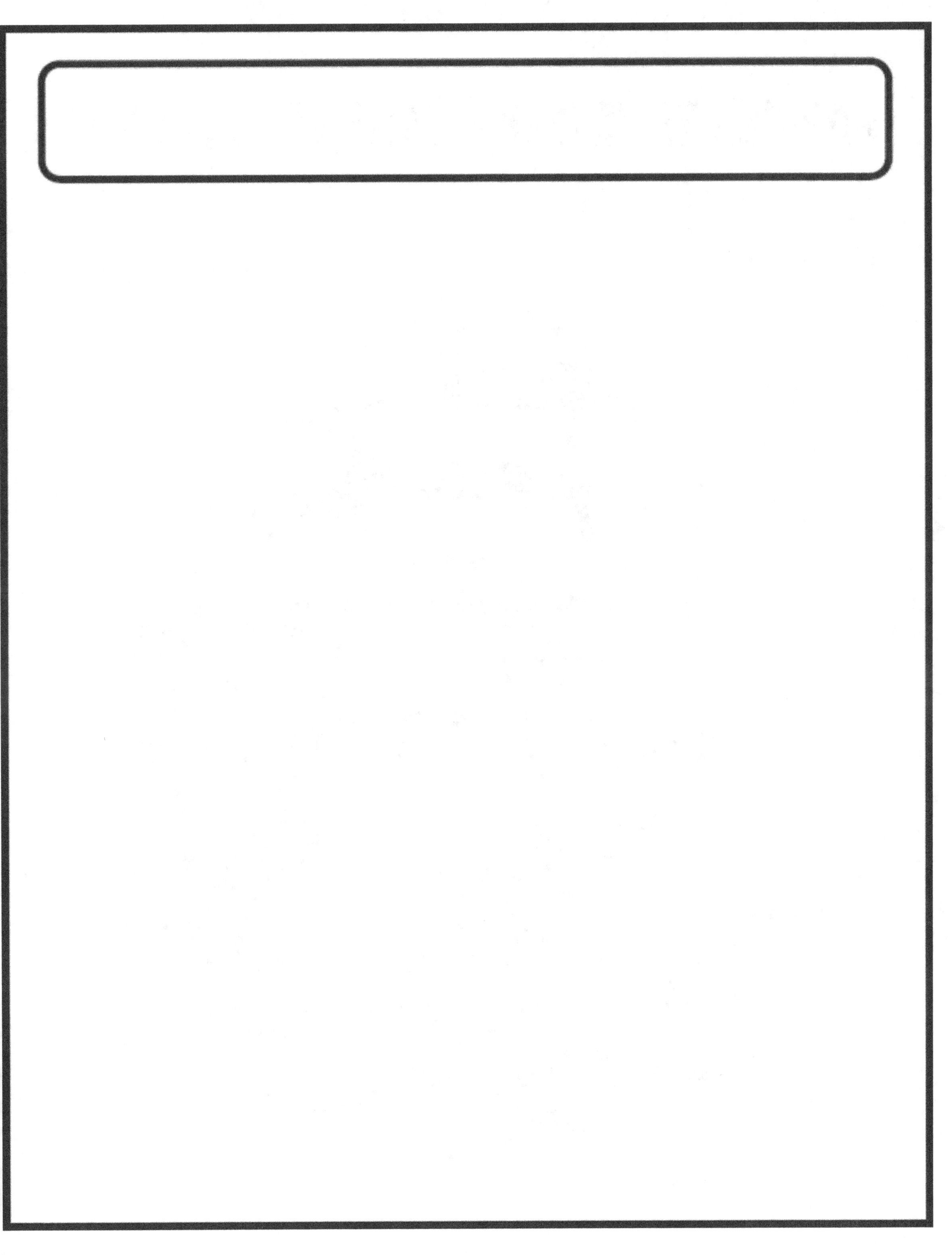

NAVIRES ET BATEAUX LIVRE DE COLORIAGE

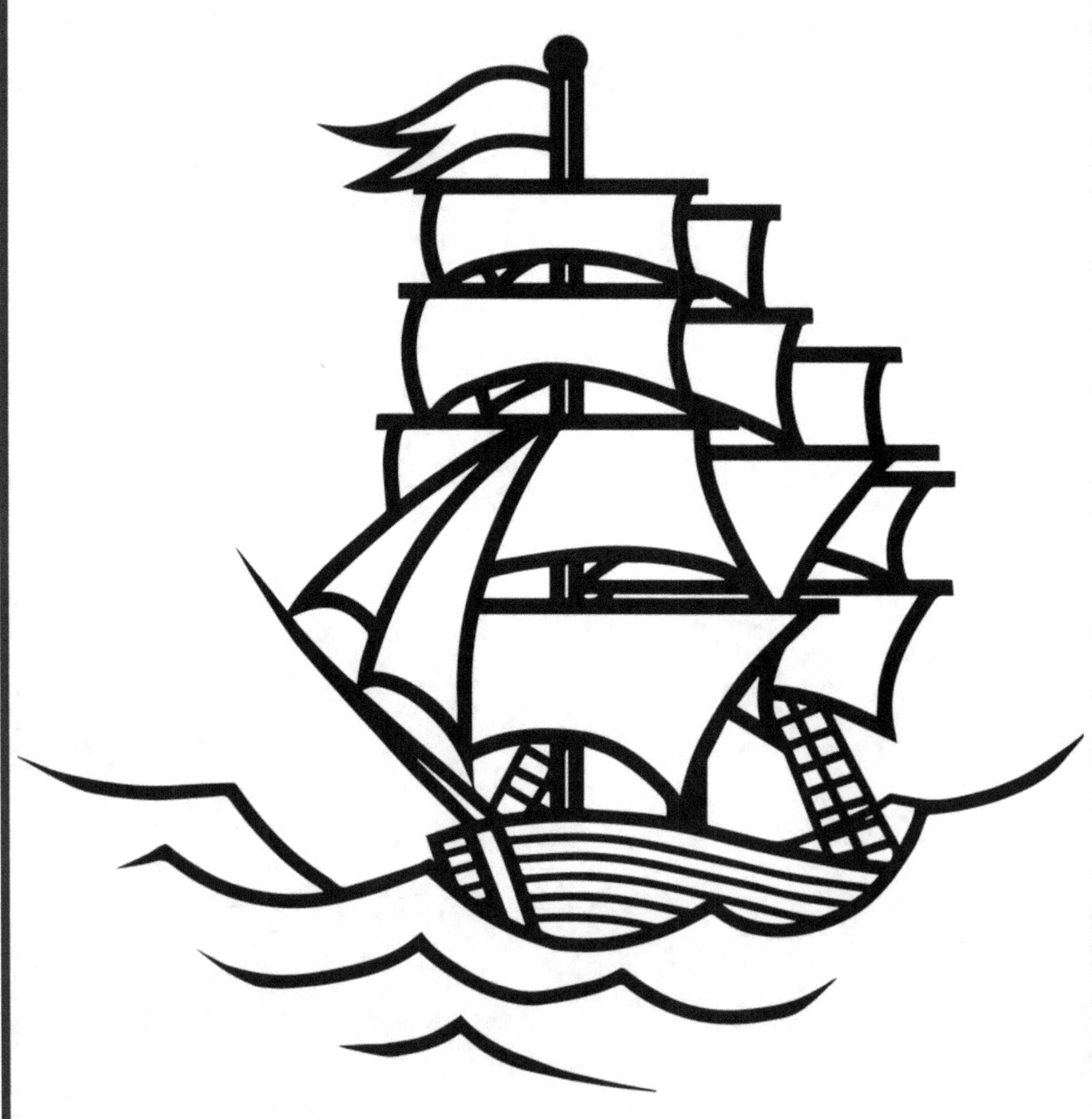